商売魂

モロフジ40年のあゆみ

株式会社モロフジ相談役
諸藤雅人

海鳥社

商売を家業とする家系に生まれ、家計を支え、私たち子どもを育てるために、奔走し苦労も厭わず、日々がんばっている父の姿を見て育ち、子ども心に感謝の念と同時に〝会社の社長になって親孝行する〟との淡い気持ちを抱きました。

自身の成長とともに子ども心の野望が、私の人生の目標に変わり、それへの挑戦が始まりました。

そこは平穏な道のりばかりではなく、幾度もの試練に見舞われました。

諸藤家の結束、社員、会社への思いが支えになり、それらの難局を乗り切ることができ今日に至りました。

せめて自分へのご褒美の言葉として言わせてもらうなら、思い描く「真ん中」の道を歩いているような気すら致します。

ごあいさつ

父の家業を継ぎ、会社組織に起ち上げ、おかげさまで四十周年を迎えることができました。その歩みを顧みて、創業以来、ご支援をいただきました仕入先や主力銀行の方々、並びに多年にわたってご愛顧を賜わりました焼酎・ビール会社各社、大手飲料メーカー、各お得意先の皆様、さらにはお世話になりました地域社会に、改めて心から厚くお礼申し上げます。

この四十年を契機に、当社が今日まで歩んで来た道程を見つめ、創業の理念と創業者の行動理念、さらには、幾多の労苦のあとを偲んでみることは、これからの価値観の変化、多様化、またコロナ後の社会構造が著しく変わる時代を生き抜き、さらなる成長をめざす当社のためにも、意義深いものがあると信じます。
以下、ご高覧いただければ、大変幸せに思います。
今後とも一層のご支援を賜りますようお願いして、ご挨拶といたします。

諸藤雅人

二〇二〇年八月吉日

目次◆商売魂　モロフジ40年のあゆみ

人より少し多く仕事をし、人より少し多くを考える。
若い時からの私のポリシー!!
自分を磨き、身体で覚え込ませてくれた。
私の人生のプラスになってくれたと思うし、行動力の源泉になってくれた。

家業、私の決意

「諸藤紙店」を継ぐ

昭和二十四（一九四九）年九月十二日、私は父勝、母ハルヱのもと、福岡県瀬高町で次男として生を受けました。長男茂弘、三男収吉、四男計四郎、五男和樹と男兄弟に囲まれ、戦後間もない瀬高の田舎町でのびのびと育ちました。

父はこの頃、「諸藤紙店」という小さな店を始めていたので、「商売」というものがいつも身近にありました。毎日忙しそうに奔走するその背中を見ていて、子どもながらに「大変だなぁ」「いつか社長になって、楽をさせてあげたいなぁ」と思っていたものです。

この思いが明確になってきたのは、中学生になった頃でした。二・三年生時の担任だった理科の先生と仲良くなり、先生が宿直の日などは、夜に学校に遊びに行って星を一緒に観たり、科学の話を聴いたりして過ごしていたのですが、ある時先生がこう言ったのです。

「お前は将来、商売で成功する」

この時の言葉が、次第に自分のなかで大きく響いてくるようになっていきました。

その後、学校を卒業すると社会人として、私は三菱グループの塗料メーカーの会社に就職しました。営業としてイチから学び、六年ほど経つと、新しい販売ラインを開拓・構築できるようになっていました。

そんなある年の瀬のことです。メーカーの営業は年末年始は早くから休みがありましたので、実家で父の仕事を手伝っていました。当時の「諸藤紙店」は紙製品の卸業で、八百屋やスーパーなどに紙袋、茶筋袋、砂糖箱、また文具やノートなどを卸していました。

冬の寒いなか、朝早くから夜遅くまで、父は毎日車で小売店へ配達に行きます。その姿を見て、心が動きました。私が子どもの頃に思っていた夢を改めて思い出したのです。

当時勤めていた会社では、自分では納得のいく成果を出していました。会社への貢献も十分に認められ、「この仕事は諸藤がつくった仕事だ」と言われる実績があったので、十分に恩は返せたと、私は退職を決意しました。二十七歳の時です。

「諸藤紙店」の社員として、私は働きだしました。父は実質的には引退した状態でしたが、名目上、社長は父にしておきました。その方が給料という形でお金を渡すこともできるからです。

さて、はりきって仕事に着手するも、販売先は父ちゃん母ちゃんがやっているような小さな店ばかりです。それでも受注活動と配達を兼ねて車で毎日走り回っていました。既存の得意先のフォローと新規得意先の開拓で、一日があっという間に過ぎていく日々でした。

当時、周囲では商売仇の勢力が強く、なかなか思うように仕事が進まず苦労したことが思い出されます。その上、私が新規開拓で精力的に動いていたものだから、面白くなかったのでしょう。親戚の同業者と商売仇が一緒になって嫌がらせをしてくるなど、ずいぶん苦しめられました。

しかしここで挫折したら彼らの思うつぼです。逆に〝攻撃は最大の防御である〟という精神を以て商売に励みました。ただ、六年間のサラリーマン時代はそのような苦労もなく、また仕事内容も違います。そのギャップが私を苦しめ、当時の楽な生活への思いをなかなか断ち切れず、辛かったことが思い出されます。

株式会社設立　一歩ふみ出す

見えてきた兆し

その後業績も少しずつ良くなってきたので、昭和五十一（一九七六）年、法人として「諸藤商事株式会社」を設立しました。それまで、経営も販売も事務も一人ですべてをまかなっておりましたが、物理的に不可能になり、初めて従業員一名を雇用し、二人で商売を行うようになりました。

とはいえ、従業員の給与の利益確保さえ難しい状態で、いくら努力しても法人としての利益がなかなか出ない有り様でした。

この頃は仕事に奔走しながらも、妻との出合いがありました。昭和五十一年に長女優子が誕生し、翌年には長男俊郎が生まれました。

家庭は妻にまかせきりでしたが、会社を軌道に乗せることが家族の幸せに繋がると信じていました。家に帰るのも毎晩遅く疲れ切っていましたが、娘と息子の寝顔を眺めていると、「明日もがんばろう」という気持ちが湧いてきたものです。

基盤をかためる

モロフジ株式会社福岡支店開設へ

当時は瀬高町を中心として商売をしておりましたが、この地域では飛躍的な発展はないと考えることが多くなりました。そこで福岡市内への進出と、それに伴いこれまで培った商売スタイルを変更することにしました。

瀬高地区は従業員にフォローさせ、私は福岡地区の開発として週何回か訪問し、新規得意先の開拓を行い基盤を固めていったのです。

その甲斐あって業績も上がり、福岡支店を開設する運びとなりました。当社は昭和五十九（一九八四）年に社名を「モロフジ株式会社」に変更しておりましたが、その福岡支店が福岡地区の得意先のフォロー等を行う事で、さらなる営業活動ができるようになりました。従業員も数名雇用できるようになりました。

当時、土曜日が休みの会社は、かつて勤務していた三菱グループや、松下電器産業株式会社（現パナソニック株式会社）くらいでした。当社も土曜日休めるような会社になりたいとの気持ちが強くありましたが、実現のためには現在の商売スタイルでは無理だとわかっていました。

そこでサラリーマン時代、日産自動車、三菱重工、松下電器などを担当した際に培った「組織で売る商売」の経験をいかそうと考え始めました。生産技術・購買など各部署を訪問して調整し、組織のなかをうまく立ちまわって仕事に繋げる方法です。

このやり方がうまくいって、業績はさらに上がっていきました。

次の目標に向けての行動に

会社の売り上げが順調に上がり安定してきたので、新しいターゲットに向けて行動を起こす時期となりました。昭和六十（一九八五）年頃のことです。

私は、アルコール業界に目をつけました。当時、酒類の小売店は資産家が多く、また酒類販売は大蔵省（当時）の管理下にあり、酒屋が一軒あれば、その一定の範囲内に新規の酒屋が開業することが禁じられていました。その事もあって、酒類販売の免許が高額で売れるような時代でした。

私はここに的を絞って、新規開拓の営業活動を行いました。安全を図る意味でも、スーパーなどの既存の得意先はそのまま取り引きを継続させ、両立して運営を行いました。

まず九州の焼酎メーカーに一件一件訪問し、レジ袋等の販売を試みました。しかし飛び込みの営業はなかなか対応してもらえず、商売の難しさを改めて感じた事でした。

千載一遇のチャンス到来

そんな時期に某A社から、ある相談を受けました。宮崎の焼酎メーカーのレジバッグを製造している会社なのですが、これを流通させる問屋が倒産したとのことで、在庫一〇〇万枚のレジバッグが行き場を失っているというのです。このレジバッグを再度流通させるため、その宮崎の焼酎メーカーに話をしてもらえないか、という話で、これは絶好のチャンスだと考えました。当社は製造ではなく卸業ですが、まずはこのA社の製造メーカーとして連絡したところ、簡単にアポが取れたので感激した思いがあります。

モロフジ株式会社の社員旅行でバンコクへ

私はさっそく宮崎まで足を運び、製造メーカーの立場で話を進めたところ、願ってもいない想像以上の破格の金額を提示された上に、A社からは「価格はいくらでもいい」と言われていたので、一も二もなく引き受けました。私としては、この焼酎メーカーとの取り引き口座を開設することが第一の目的だったので、これを遂行することができただけでも万々歳です。これで焼酎メーカーの担当者と直接商談ができる環境ができました。

ある時、この焼酎メーカーの常務との面談がかなった際に、「最近、瓶を固定できる袋があるらしい」との話を聞きました。まさに〝目からウロコ〟とはことのことで、目の前がひらけるような思いでした。

「瓶を固定できる袋」の製造と販売。

新しい商売のヒントです。宮崎からの帰り道、私は今後の展開をアレコレ想像して嬉しくなり、近くの天岩戸神社にお参りに行ったほどでした。今後、会社が変わり大きく飛躍できると信じ嬉しさが一杯で、熱い思いを胸に帰福した事が思い出されます。オーバーかもしれませんが〝人生、チャンスが三回ある〟と言われています。このチャンスが巡って来た‼

この事が今のモロフジの基盤になっていると言っても過言ではありません。

製品開発に取り組む

セフティジョイント開発

さっそく「瓶を固定できる袋」の開発に取りかかりました。使い勝手や素材など、さまざまな試行錯誤を行うなかで、問題が発生しました。我々はメーカーではないので十分な機材もなく、サンプル作りが思うように進みません。いいアイディアが浮かんでも、それを実用的な形にして試すには、社内の環境では限界がありました。また得意先も増えて忙しくなり、サンプル作りは深夜にしか着手できず、気持ちが焦っていきました。

このままでは埒が明かない、今後は自社工場を持つ製造メーカーを引き込まないと進まないと考え、A社に相談してみました。しかし、売れるかどうかわからない製品の開発には消極的でした。

では、当社のメインの仕入先であるB社に相談しようかと思ったのですが、B社は大手企業であり、下手に相談をして情報が漏れたりしたら、このアイディア商品を先に開発されてしまうかもしれません。苦肉の策で、A社の営業員に個人的に協力をお願いしたところ、熱意が伝わったのか引き受けてくれました。私たちは毎晩A社の工場に内緒で訪問し、サンプル作りに没頭しました。

モロフジの原点「セフティジョイント」

①持ち手部分が幅広にカットされ
ているので手が痛くなりません

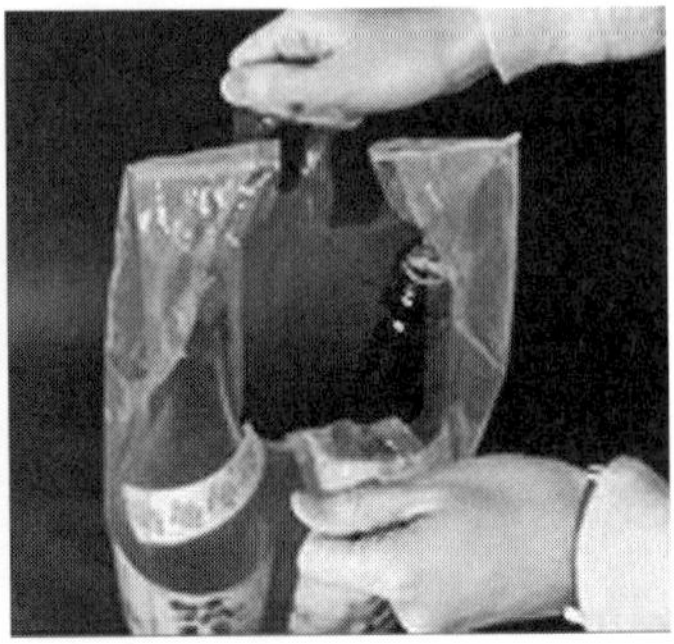

②瓶を袋にいれたら、ベロの部
分を持ちます

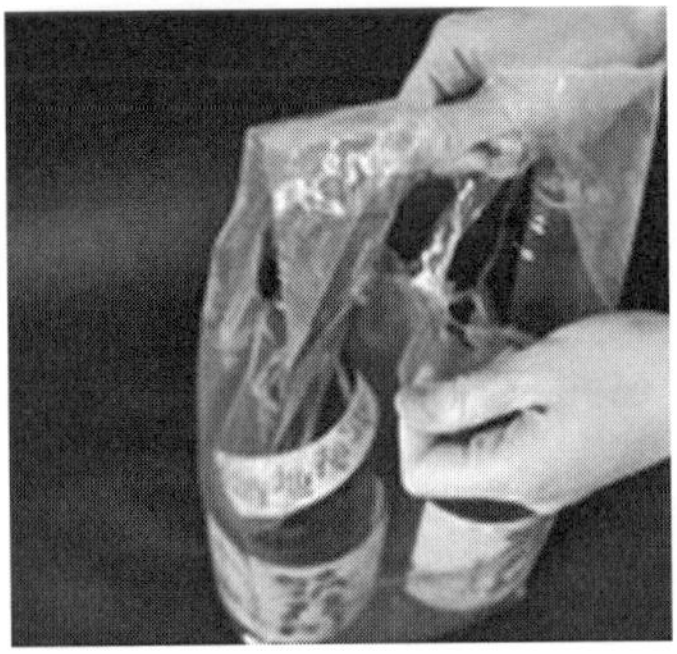

③ベロを交差させます

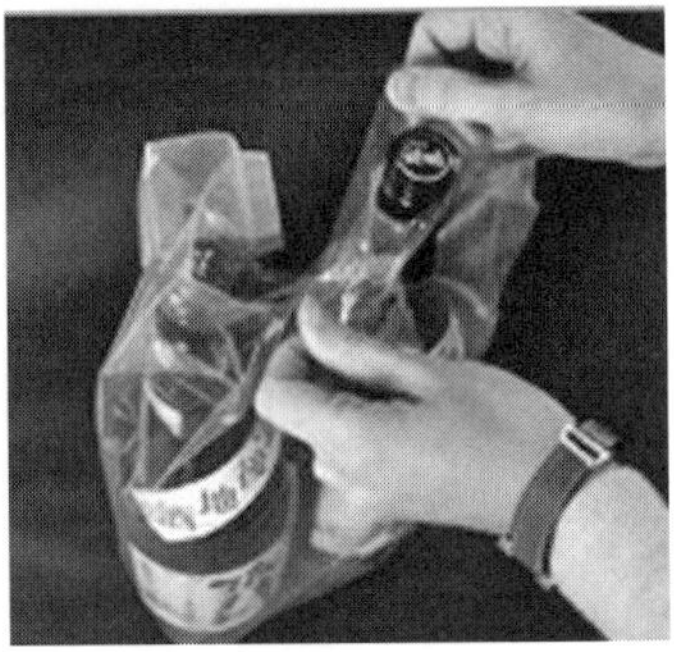

④ベロの穴に瓶の首をかけます。
2本とも同様に

⑤完成。首がしっかりと固定されました！

そういう経緯でできたのが「セフティジョイント」です。A社の社員の協力があってこそできた製品であり、いまでも感謝いたしております。

すぐに特許の申請を行いましたが、特許取得には至りませんでした。というのも、使用目的がまったく違う製品で、形状が類似している袋がすでに特許を取得していたのです。当社の担当弁理士は、「再申請すれば間違いなくとれる」と言ってくれたのですが、再申請にはまた、時間と手間と費用がかかります。当時はこのセフティジョイントを早く売り込みたくて、特許取得を後回しにしてしまいました。

ともあれ、「特許はある」と自分で信じこませ、独自の製品であることを営業の武器として展開していったところ、同業者もセフティジョイントは当社の特許があると思って追随はせず、我社で独占できました。

余談ですがごく最近、当社の社員に「セフティジョイントの特許はない」という話をして驚かれたくらいです。その後、このセフティジョイントを武器に九州の焼酎メーカーの開拓を行い、九州の大手有名焼酎メーカーから地場の焼酎メーカーまで、焼酎業界はほぼ制覇しました。商品開発の大事さを身を以て実感しました。

ビールメーカーへのアプローチ、東京事務所の開設

私は、次の目標であるビールメーカー、飲料メーカーの開拓活動へと駒を進めました。以前から、ビールメーカーの九州支店には飛び込み営業で何度も訪問していましたが、受付で名刺さえ受け取ってもらえない状態でした。

当時、既存の得意先二十〜三十件のフォローをしながらの営業訪問だったため、トラックを遠くに止めて、車のなかでスーツに着替えて訪問していたものです。

当社のセフティジョイントをビール用に改良し、大手ビールメーカーの九州支店の受付にそれを見せて初めて、マーケティングの担当に通してもらうことができました。そこで製品の説明を行い、担当者から「おもしろい商材である」との評価をいただき、感激した思いがあります。

ただ、当社は数名の小さな会社のため、「従業員は何名ですか？　主な取引先は？」などの質問攻めにあいました。会社の規模がネックとなって直接取り引きは難しいのだろうと判断し、今後の事業計画を考えたら、当面は当社の会社規模では世の中にセ

フティジョイントは流通できないということを察知し、悔しい思いをしました。

大手会社との取り引きの難しさを改めて知らされた瞬間でした。

そこで私は、この問題を解決するためには、商社を利用するしかないと考えました。セフティジョイントはポリエチレン製のポリ袋ですが、その原材料となる合成樹脂を扱う大手商社にセフティジョイントの特徴を最大限PRし、ビールや焼酎のメーカーから多数問い合わせがあっている、「必ず売れる」と説得し、この大手商社に間に入ってもらうことに成功しました。

その後、九州支店の紹介を受け大手ビールメーカー本社に、この大手商社の課長と一緒に数回訪問し、商談を行いました。

しかし、この商社の課長の説明が悪く、首をひねるようなことが数回あり、このままでは結果が得られないだろうと考え始めました。そこで、このビールメーカー本社の資材担当者に直接電話を入れ単独で訪問していいかと相談をしたところ、担当者から「諸藤さん単独のほうがいい」との返事をいただきました。

その後は単独で本社に営業活動を行い、大手商社には、単独で行動して商売が成り立ったら、数パーセントの手数料を支払うとして了解を得、このビールメーカーとの商談の窓口が開設できました。

このビールメーカーと商談を重ねるなか、ある時、資材課の課長から片手をだされ、「諸藤さん、連休中にできる?」との問いかけがありました。私は、このメーカーとの最初の仕事でもあり、片手の数量は「五万枚かな」と思い意気込んで引き受けました。しかし話をしているうちに、どうやら五万枚ではなく五〇〇万枚の話だと気づきました。当時、五万枚でもビッグオーダーなのに、五〇〇万枚のオーダーを最初から受注できるなんて。

東京本社のスケールの違いを実感し、帰りの飛行機のなかでは、五〇〇万枚の数量が製造できるか不安を抱えながらも、嬉しさで一杯でした。

B社の大分工場に協力をあおぎ、連休も稼働させてくれて五〇〇万枚のセフティジョイントを無事納品できたときには、大きな仕事を成し遂げた達成感が込み上げてきたものです。この思いは今でも忘れることができません。

このことで、東京のマーケットのスケールの大きさを改めて実感しました。

九州では大手のメーカーがあってもそれは「支店」です。今後は、「本社」がある東京に進出することが急務であると感じ、東京事務所の設立を早急に進める計画をたてました。

その後、大手ビールメーカー四社に口座が開設でき、アルコールメーカーの販促資材は当社が独占できました。大手包装資材メーカーが参入できないように、ビール六缶用のハッピータック（プラスチック製の持ち手）付きの袋等、手加工の必要な商材を開発し他社との差別化を図り、先駆者利益を得る事ができました。

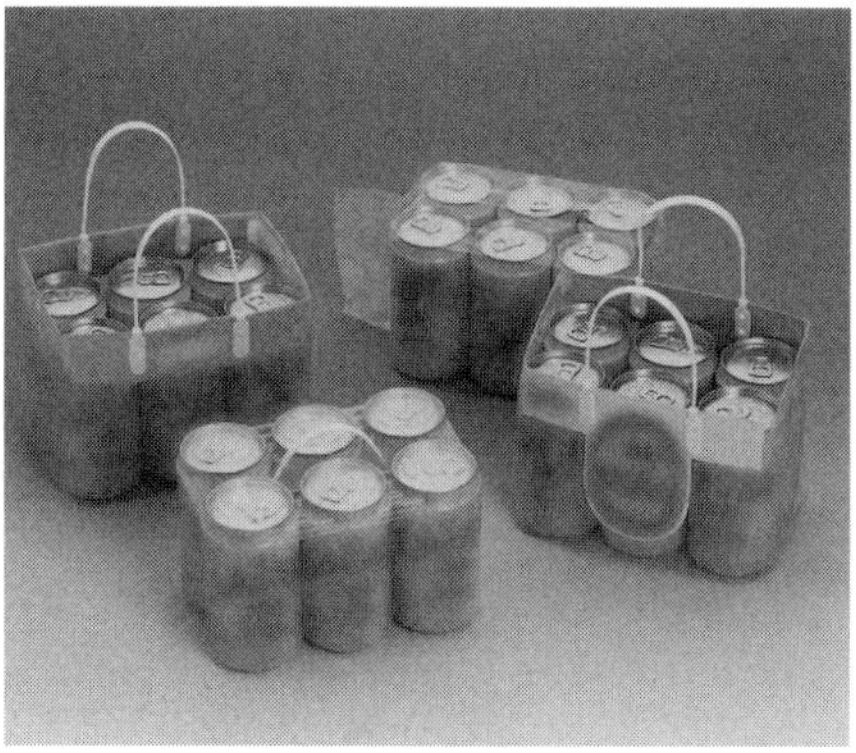

ビール業界への主力商品となったビール6缶用ハッピータック付バッグ

飲料メーカーへのアプローチ

同時に、飲料メーカーへの営業活動も平行して行い、大手飲料メーカーに的を絞り製品の開発を進めました。

当時、炭酸飲料一リットルは瓶で販売されていました。

瓶の中身は四気圧くらいあるのですが、そのせいで市場で瓶が割れた際に、破片が激しく飛び散るというクレームが問題になっていました。また、冷やした飲料を袋に入れると袋の表面が結露し滑りやすくなり、車がブレーキを踏むと袋から抜け落ちて割れてしまうとのことでした。

この問題を解決する為に、袋からの瓶の落下防止ができるセフティジョイントをプレゼンする事としました。既存のセフティジョイントとの差別化を図るため、材質を乳白色のＨＤＰＥから透明なＬＬＤＰＥに変更しました。

当時の大手飲料メーカーは外資系で、日本では東京に拠点があり、ライセンスで全国に販売機能を持ったボトラーがありました。大手飲料メーカーに直接アポは取れない事は熟知していたので、これはボトラーから攻めるのが早道と考え、近場の二社のボトラーにアポイントを取り訪問しました。

ある日の午前中、地元のボトラー一社に訪問すると、袋などの包装資材の取り扱いを行っている子会社を紹介されたので、さっそく伺って担当者にプレゼンを行いました。

　ひと通り説明を行い「いかがでしょうか！」と回答を求めたところ、

「こんな袋はややこしくて使用できない」

と、セフティジョイントをくさす発言ばかりで良い評価は得られず、親会社にも話はできないとキッパリ断られました。この時は、なぜ評価が得られないのかとショックで、今後の展開を考えなければと強く感じました。くやしくて午後から早速、もう一社のボトラーに「新製品を開発しましたのでご意見を聞かせて下さい」との内容でアポイントを取り訪問しました。担当者からは「物売りなら会えないが、新製品の意見を求めるなら話を聞きます」と、最初に釘をさされました。

　当社のセフティジョイントを見せ説明を行ったところ、担当者の表情が変化するのがわかりました。「ちょっと待って」と言われて席を外したと思ったら、上司を連れてこられ、「もう一度説明してください」と言うのです。そこでもう一度説明を行ったところ、担当者とその上司から「素晴らしい袋だ」との評価を受け、即使用したいと返事をいただきました。また、「この袋はわが社とモロフジで開発した袋として位置づけしたい」旨の相談があり、さらに「わが社がメーカーの方にアプルーブするので、それまで他のボトラーには行かないように」と指示がありました。

この製品はあっと言う間に採用になり、この大手飲料メーカー用の無地のセフティジョイントがスタートしました。セフティジョイントはメーカー内で「ジョイントバッグ」と呼ばれるようになり、現在でも、袋の事をジョイントバッグと言っています。

スタートしてからは毎日オーダーがあり、月に一〇〇〇万円位の商売となり感激の日々が続きました。

後で聞いた話ですが、この日の午前中訪問して断られたボトラーでは、子会社がB社からレジ袋などを仕入れており、各ボトラーに販売していたそうです。他のボトラーがセフティジョイントを採用したら、自社の袋が売れなくなると判断されたのでしょう。早目に芽を摘み取ったつもりでしょうが、ここで諦めなくて本当に良かったと思います。

それからしばらくして、この飲料メーカーからセフティジョイントの無地のサンプルを提出するよう指示がありました。なにせ相手は超一流の大手メーカーなので、既存のセフティジョイントではなく、サンプル用にわざわざ作成し、メーカーのパッケージ部長に送付しました。

これが後に大問題を引き起こします。

私はできあがったサンプルの外見だけを確認し、シール強度（袋の接着部の強度）などは当然ある物と思い込みメーカーに送付したところ、シール強度のない袋だったようなのです。

耐性試験などを行うメーカーの横浜試験場から指摘を受け、パッケージ部長は激怒され収まりのつかない状況でした。世界的にも超一流の飲料メーカーです。シール強度などあって当たり前のこともクリアしていないサンプルが送られてくるなど、あり得ないことだったでしょう。サンプルさえまともな物を送れないような会社とは、取り引きできないと判断されたのだと思います。

結果、このメーカーのボトラー全社と一年間、取引停止のペナルティを課せられました。

横浜試験場の担当者からは、「ゴメン。メーカーよりも先に、まずモロフジ様に連絡すればよかったね……。再サンプルをこちらに送って貰っていれば、問題にならずに済んだのに」とのお電話をいただき、胸が熱くなった事が思い出されます。

それにしても、大手飲料メーカーのパッケージに安易なサンプルを送る自分を本当に情けなく思っています。社員にも、「この大手飲料メーカーと取り引きするぞ」と話し続けてきたのに、社員の夢と希望を私自身の失敗でなくした事もつらくて、今でも当時の事を反省しています。

ただ、今になって考えてみると、このペナルティにはもう一つ、思い当たることがあります。この事件前にメーカーを訪問した際パッケージ部長は、セフティジョイントをとても評価してくださり、ボトラーで使用できると判断されました。

するとなぜか、「東証一部の某ガラスメーカーと面談するように」と言うのです。それも、面談場所はどちらの会社でもない、南青山の喫茶店を指定されます。行ってみるとガラスメーカーの専務が来られていて、聞いてみるとセフティジョイントをこのガラスメーカー経由で販売しないか、という話でした。

「なるほどそういう事か」と思いましたが、私としては、ガラスメーカーに販売を任せることは、社員みなが大手飲料メーカーと取り引きができるという夢を摘み取ることになると思い、当社の方向性とは違うと判断し、その場で断りました。

このことが、パッケージ部長の機嫌を損ねてしまったのかもしれません。

アメリカより認定証届く

その後、ペナルティも解除になり、地場ボトラーへの販売を再開しました。中国・近畿地方の飲料メーカーをはじめに、そこから東上し全国のボトラーに営業活動を行い、実績も徐々に見え始めました。

昭和六十一（一九八六）年の夏のことです。セフティジョイントを最初に評価してメーカーに繋いでくれた例のボトラーの役員から、至急訪問するよう電話がありました。さっそく伺うと、その大手飲料メーカーから、トレードマークを印刷できる認定証がアメリカから届いたと報告を受けました。

嬉しくて感激し、認定証を前にしてしばらく言葉を失ってしまいました。当社もようやく世間から認められる会社になったのだと、誇りに思えて胸が震えました。

誰もが見たことのあるあのマークは、当然ですが誰でも印刷できるものではありません。その上当時の日本で、プラスチックフィルムにあのトレードマークを印刷できるのは大手印刷会社の二社だけであり、わが社がその三社目と聞いたときは、責任の重さを実感したものです。

この事は会社が飛躍的に成長する原動力となり、現在のモロフジの基盤であると信じています。また自分自身、営業してよかった、会社に貢献できた‼　と、今もそのような思いがあります。

内職組織を策定

この飲料メーカーの認定証を得たことがサプライヤーとしての看板となり、商売はますます拡大していきました。

会社も成長し、ビール会社・飲料メーカーからの大量受注が定期的に入るようになると、協力工場にフル稼働してもらっても供給が追いつかず、得意先への納品に支障をきたすようになりました。

販路もレールに乗りモロフジ(株)の基盤もでき、昭和六十一(一九八六)年には東京事務所を設立しました。社員も成長したので、今後は、私は製造ルートと、会社の方向付け等の職務を行う必要があると考えました。このままでは、今後必ずどこかでつまづくと思ったのです。そこで、東京事務所に弟の和樹(諸藤家五男)と社員(現在のモロフジ株式会社社長)を登用しました。

二人は優秀で、販売は彼らに任せても大丈夫と信じバトンタッチしました。

私の期待通り彼らはモロフジ(株)を成長させ、現在のモロフジ(株)の基盤をつくりだしました。現在の姿があるのもこの二人の力と言っても過言ではありません。

私はまず、製造体制の改善が急務と考えました。営業を離れ製造の充実を図り、得意先への納品に支障をきたさないような体制作りに没頭する日々が続きました。

毎日毎日、能力以上のオーダーがあり、このままでは得意先に迷惑をかけ、会社の信用問題に発展しかねない。当社の営業も、受注を積極的に受ける事ができない状態です。

当社はもともと、他社（大手）が嫌がる手加工を武器として販路を拡大しましたが、結果、自社も苦しむ事態となりました。

そこで私は、内職組織を作ることを考えました。これから新たに社員やパートを募集しても時間もコストもかかります。また何よりも、作業をしてもらう場所を確保できません。そこで、自宅で内職をしてくれる方を探しました。近くの大型団地を社員が一軒一軒訪問し説明を行い、体制作りに日々奔走し拡大しました。それでもオーダーは増えるばかりでなかなか解消できない日々が続きましたが、内職組織は順調に拡大していきました。近在の大型団地だけでなく、最終的にこの組織は佐賀・長崎・大分・鹿児島まで拡大し、今でも親から子へ、また孫へと引き継がれて働いてくれています。

今にして思うに、当時の社員は会社発展を願って奔走してくれていました。その努力が功を奏して、現在のモロフジはあると言っても過言ではありません。
振り返るにつけ感謝の気持ちで一杯です。ありがとう、ありがとう‼

海外戦略

計画から実行へ

内職組織のおかげで、さしあたりの急場は凌げましたが、今後のことを思うとまだ安心はできません。製造キャパの拡大を図るには、海外での製造に移管するしかないと考えた私は、さっそく役員に相談しました。ところが、みなに反対されて私自身驚きました。

しかし、現状から脱却するにはこの方法しかなく、今後の会社成長戦略から言って、これがベストだと役員を説得し決定しました。

当時、当社のような中小企業が海外で製造するという事例はなく、初めての試みで不安な気持ちはありました。自分の考えがおかしいのかと何度も考えなおしてみましたが、どう考えてもほかに方法はなく、海外の労働力に頼る選択肢しかありませんでした。

そこで、西日本シティ銀行に総合商社の紹介に関する依頼を行ったところ、総合商社C社の九州支社を紹介されました。そこで当社の現状を説明し、C社の東南アジア支店にアナウンスを行うと、すぐにインドネシアの総合商社から回答がありました。

当社と面談したいという話だったので、急遽インドネシアを訪問し、その事務所で打ち合せを行いました。すると話をするうち、製造依頼先が大手印刷会社D社のインドネシア工場であることがわかりました。D社は日系企業であり、さらに母体は包装・資材の総合商社です。同業者でもあるD社の工場となると、当社の情報やノウハウが漏れる恐れがあると不安に駆られました。しかしビール会社のサンプル等、すでにD社のインドネシア工場に渡っているのこと。私としても前に進むしかないと考え、この工場を訪問する事にしました。

工場見学で感じた事は、さすが大手日系企業の工場のため、私が知り得る国内のポリエチレン工場とは比較にならない程、設備、品質管理が徹底されているということでした。今後は海外が脅威になる存在である事を身を以て知らされました。

D社の工場に製造を依頼するにあたっては一抹の不安もありましたが、品質等は問題ないと思い、また国内の製造事情を考えると、ここは前に進むしかないと考えました。

四〇フィート一本（約五〇万枚）、大手ビールメーカーの六缶ハッピータックを発注し、帰国しました。その後、D社からサンプルが届くと、品質も問題なく安堵しました。一カ月ほどして、六缶ハッピータックの四〇フィートが入荷されました。引き渡しにあたっては、日本の物流と同じと考えて、当然コンテナから荷物を降してくれると思っていたのですが、人の手配やパレット等の準備がなく、まさか自分達で荷降ろしするとは考えてもいませんでした。

当時は社員数も少なく、女性社員も一緒になってコンテナ落としをした記憶があります。大変な労働をさせてごめんなさい‼

製品の検品の結果、何の問題もなく安心して大手ビールメーカーに納入できる商品である事を確認しました。このことで国内の製造状況も一段落し、胸を撫で下ろしたものです。

社員にも、今後は無理な事をさせなくていいと思うと、精神的に楽になったことが思い出されます。

懸念事項発生・日頃の信頼性が問題解決に

その後、二回目の発注を依頼したところ、インドネシアの総合商社からは、D社は現在大量受注が発生しており、当社の発注する分が製造できないとの返事がありました。困惑し途方にくれ、海外製造での難しさを実感しました。

総合商社C社に再度、海外ソースの依頼をし、とにかく早く探してほしいと重ねてお願いしました。

なかなか解決しないまま数カ月が過ぎた頃、大手のビールメーカー本社の資材課長から私に電話がありました。なんでも、「D社からビール六缶ハッピータックの売り込みがあっている」とのこと。私が急遽、大手ビールメーカー本社に駆け込むと、そこには当社の製造サンプルがありました。

私はショックを受けながらも、当社がＤ社のインドネシア工場で製造した経緯を説明したところ、わかってもらえました。

Ｄ社は、自社で製造した実績をアピールすれば、当社のような小さな会社は簡単に排除できると考えたのでしょう。

資材課長からなぜ今回、Ｄ社の工場に製造依頼をすることになったのか、その経緯書を至急、作成するよう指示があり提出いたしました。

結果Ｄ社は資材課長から、「商売のモラルもなく、行為自体が商売の道義に反している」との叱りを受け、このビールメーカーから一年間の販促ツールの取引停止を受ける事となったようです。

この大手ビールメーカー資材課長とは、商売の付き合い以上に、個人的に彼の懐に入り込んでいたと思います。また営業として応援してくれる人がたくさんいた事がいまでも思い出されます。

当社役員の反対を押し切って海外製造を進めた事が、結果的に会社に迷惑をかけることになりかねなかったと思うと、今後の展開を考える上で大変貴重なできごとになりました。

余談ですがこの話には続きがあります。この事件から五、六年後のことですが、当時、D社インドネシア工場の社長だった方とお会いすることがありました。

焼酎メーカーのキャンペーンツールを当社が受注し、金額で約二〇〇〇万～三〇〇〇万円の案件（入浴剤のパッケージ）を納入する事になりました。紙器の売り込み時、入浴剤のパッケージ会社の紹介で、このD社の福岡支店長が当社に訪問されたのですが、よく見ると、当時のインドネシア工場の社長だったのです。私も一瞬目を疑いました。大手ビールメーカーの話をしたところ、しどろもどろの回答があり、してやったりとの思いが今でも忘れられません。

当然、発注は別の大手印刷会社に依頼しました。商売の道義を外れるとこのような天罰が下るのだと、今でも身を以て実感しています。

海外生産拠点の発掘と出会い

数カ月後、総合商社C社から連絡があり、香港の総合商社から話を聞きたいと打診があったということで、さっそくC社のN氏と香港を訪問しました。

香港の事務所で打ち合せを行いましたが、前回失敗した経緯もあり、慎重にならざるを得ません。日本企業との取り引きの関係、日系企業の影が見えないか等々、徹底的に調査しました。

サンプル情報が一人歩きすると情報だけが抜き取られ、当然、日本国内で当社は不利な戦いを強いられる事は確実です。またビール六缶ハッピータックの物量をキャッチされ、ターゲットにされる事は必至であると自覚しておりました。

香港の総合商社にも、この案件が社外に漏れる事がないように釘を刺し、香港の製造工場の説明を受け、日本企業、日系企業との接触のないことを確認し、翌日、工場訪問をする事にしました。

この工場の会社名は「クリエイティブパック」とのことで、社長はラム氏という方でした。

ホテルで待ち合わせをし、香港の総合商社の社員とラム社長と一緒に工場に向かいました。車中での二人の会話は英語でなされており、それを聞こうとしてもあまりにも堪能で理解できず、悔しい思いをしました。ラム社長の話によると、アメリカはニューヨークに若い時出稼ぎに行き、そこで英語をマスターしたとの事でした。

また、働いた場所がアメリカのポリエチレン工場であり、そこで技術をマスターしたと話していました。私も若い時、英語の勉強をするべきだったと社会人になってから反省させられています。ましてこのグローバル化の時代、その習得の必要性を強く感じました。

工場は香港市内にあり、古いビルの最上階の一フロアを二社で使用しているようでした。設備は、インフレーションー成形機（ポリエチレンを溶かし袋の原型を作る機械）数台と印刷機の六色機一台、二色機一台、製袋機二〜三台の町工場です。

私はすでに大手印刷会社D社のインドネシア工場を視察していたのでかなりギャップがあり、この工場に依頼していいのか悩み迷いました。この工場の製造サンプルを見せてもらうと、アメリカ向けの製品であり印刷もラフで、クオリティは日本の品質条件をクリアできない事を察しました。過去の製造製品をサンプルルームで見せてもらうと、日本向けの製品はなかったので少し安心しましたが、現状では日本向けに輸出のできる工場ではなく、今後、ラム社長と取り組むなら技術指導、品質管理等を一緒にやって行く必要があると判断しました。

幸い、ラム社長も日本向け製品のクオリティの高さはよくわかっており、本人もぜひ、今回の仕事を引き受け工場のレベルアップを図りたいとのことでした。当社も、国内製造状況を考えると進むしかない事もわかっていました。

香港においてクリエイティブパック社視察の様子

ともかく、一番不安だった「日本向けの商売がない事」に重きを置いて、クリエイティブパック社と一緒に進む決断をしました。

香港でインフレ（袋の成形）と印刷を行い、ラム社長の出身地、中国の広州近くの佛山市で手加工、検品、箱詰めの作業を行うという工程で進めたいと説明を受けました。

翌日は佛山市の工場を訪問するということで

中国へ向かい、途中、その国内事情を見る事ができましたが、まるで戦後の日本を見ているようでした。また、日本と中国の国交が回復してすぐの訪問であり、日本人はほとんどおらず、不安だったことを覚えています。

さらに私自身は、基本的に卸業と販売を主にやってきたので、ポリエチレンに関する技術のノウハウはありません。今後、この中国の工場を指導し日本のクオリティをクリアできる工場を目指すため、日本の工場で技術を学び、それを中国工場に持ち込んで品質向上を図る事が私に課せられた使命でした。幸い、ラム社長はポリエチレンの知識があるのでスムーズに計画に向けて進む事ができ、その後、何回か工場を訪問し指導進捗状況の確認を行いました。

数カ月後、初めてサンプルが届いたので確認すると、日本以上のクオリティであり、

クリエイティブパック社の中国工場へも足をのばす

心から安堵しました。

さっそく、四〇フィートコンテナ一本の発注を依頼し、現場で立ち合い検査等を行い、やっと日本に輸入できる環境ができたのですが、ここでまた問題が発生しました。日本の大手ビールメーカー商標権がある製品は輸入できないと、日本の税関からストップをかけられたのです。輸入するのであれば、大手ビールメーカーの注文書を添付するように指示がありました。この時は実際に注文書が来ていたわけではなく、口頭の約束で自社リスクで製造を進めていたため多少の不安がありましたが、ビールメーカー本社に注文書を出してもらうよう依頼をしに訪問したところ、無事発行していただけました。

六缶ハッピータック付バッグの受注は、大手ビールメーカーに広がり国内の受注状況も加速度的に増しており、前述の内職組織だけではなく、担当ではない社員が手加工に従事することも度々ありました。また六缶ハッピータックの底台紙「H型」は当社が特許を申請し、ビール各社、飲料メーカーに特許出願の話をしていたため、同業他社は当社に特許権があると思い、追随もなく独占ができたのだと思います。

クリエイティブパック社も、我が社以上に成長し新工場に移設して、日本の一流企業の仕事をしているということを武器に、アメリカの販路を拡大し急成長しました。六缶ハッピータックの輸入量が月一〇本~二〇本（約三〇〇万枚）位でしたが、あるとき香港を訪問した際、香港の総合商社の支店長S氏から、香港政府から当社に表彰の話があると聞きました。光栄なことでしたが、海外製造の件が日本に漏れ、他社に追随されることを懸念して辞退しました。

香港の総合商社とは支社長とも仲良くなり、個人的にも付き合いができる関係となっていたので、ここから情報が漏れる可能性は排除する事ができました。なお、S氏は後に大手衣料メーカーの社長になり、総合商社本体の役員も務められた人物です。

S氏が大手衣料メーカーで社長をされていた当時、私に電話があり、「当社のショッピングバッグを納入したら」と言ってくださったことがありました。

まだ当社の事を思ってくれている事に感激したものです。当時はビール、飲料の仕事で余裕もなく、ましてアパレルのショッピングバッグの経験もなかったので、失敗したらS氏に迷惑がかかり顔を潰すと考え、現状を説明し丁重にお断りした事が思いだされます。

　この頃から会社の業績も急成長し、毎年の決算も莫大な利益が出て、社員の決算賞与や海外への社員旅行などで社員に還元する事ができました。考えてみれば安く購入し輸入した製品を数倍前後で販売する訳ですから、利益がでるのも当然でありました。

モロフジ株式会社福岡支店での
打ち合わせの様子（平成２年頃）

　当初は国内の九州で手加工を行い、東京と九州の賃金の差を利用する戦略でスタートしましたが、海外で製造する事で、特に手加工製品はダントツの強みを発揮する事ができたのです。結果、当社も成長し社員にもさまざまな面で還元する事ができました。

　トップとして、戦略、方向付けの重大さを身を以て感じ、責任の重さを痛感しました。

　また、モロフジ（株）福岡支店は少数精鋭で社員も数名しかおらず、女子社員に中国の検品立ち合いを行わせた事もあり、社員に助けられてこそ、ここまで来れたのだと今でも思い感謝しております。

平成元（一九八九）年、この急成長による利益を社内留保したいと考え、当時のモロフジ（株）福岡支店の中に「サンセイ株式会社」を設立し、製造会社として合法的に利益を蓄積する仕組みを作りました。当時、法人税の納税額が大牟田税務署管轄で一～二位となり、昔は、法人利益が四〇〇〇万円以上の会社は税務署の告知があっていたので、優良企業として地元でも知られる存在となり、皆が目を見張る企業へと成長しました。

同族会社ゆえの限界と苦悩

会社が大きくなるにつれて、同族会社ゆえの問題が浮上してきました。

重要な案件も家族会議で決めるようなことが多くなり、意見の対立が少しずつ発生し、私も今までのように意見が通らなくなってきました。私の行動も戦略も、それぞれに相談しながら進めなければならなくなり、悔しい思いで仕事をした事が思いださされます。

この頃は父も存命で、会社の成長を一番喜んでいました。ただ、父にとって兄弟はいつまでも皆自分の子供であり、何事も平等に、待遇面に至っても然りと、強い要望を持っていました。私が車を購入するにも、必ず弟達に相談しろというように、公私ともにささいな事まで口出しされていました。これでは一緒に仕事をしても今後、後継者問題、事業戦略等、思い通りに進まなくなる事が懸念されるようになりました。

モロフジ(株)は自分一人でここまで引っ張り、基盤を作り成長させたのに、なんでこんな思いをするのかと悔しい思いで一杯でした。

しかし親、兄弟の関係を悪くしたくはありません。我慢の日々が続きました。

値下げ要望の動き

当社がビール六缶用ハッピータックの販売を独占し絶好調の時期、海外で製造を行い莫大な利益を得ている情報が他社から少しずつ漏れたのか、デパートの外商が追随するようになってきました。デパートは贈答用やお中元・お歳暮等でビールを大量に扱います。またそれだけなく、その企業の制服や手袋等、関連商品も外商は扱っており、企業へ販売しているのです。

デパートの外商がビール販促用の袋に目をつけ、海外でサンプルを作り当社よりも安価な価格を提示し始めました。このことで当社へも販売価格の値下げの要望があり、少しずつ価格が維持できなくなりました。これは、今までのように販売独占を維持する事ができなくなるという事でもあります。この時は東京地区だけの現象でしたが、そのうち西日本へも拡がっていくであろうことは目に見えていました。

モロフジ(株)福岡支店では、大阪以西のビール会社を担当しており、ビールメーカー西日本のマーケットの部長は東京地区の情報をご存じで、私に「大変ね」と話をされ、西日本は価格を維持しながら、しばらくは現状価格で行きなさいと励ましの言葉をいただきました。

とはいえ数年、先駆者利益を得る事ができたのは大きく、商品開発の必要性を改めて感じさせられました。

品質要求の高まり

国内での生産拠点確保への動き

海外で大量生産を行うことで需要と供給のバランスは保つことができましたが、そこが安定してくると、次第にさらなる品質を求められるようになりました。またオーダーも納期の指定がこまかくあり、それに対応するにはやはり国内での生産拠点を拡大・確立することが必要と考えるようになりました。私は九州でのポリ製造メーカーに的を絞り、情報を収集して協力工場の確立を進めました。すると某原料メーカーから紹介があり、福岡市内にポリエチレンメーカーE社があるとの事。

私も名前は知っていましたが、会社の中身は全然知りませんでした。調査をしたら、ほぼ、ゴミ袋の商社の下請けで運営されている会社である事がわかりました。

E社には営業員が数名いましたが、仮にこの営業員が当社の情報を流用したとしても、当社の得意先と商売のできる器ではないことも確認できました。さらに会社幹部もおっとりしており、ゴミ袋の商社の下請けで満足しているような感じでした。

しかしこのE社を調べてみると、当社の協力工場としては充分機能することが可能であり、またゴミ袋の商社とは資本関係はなく、当社が主導権を持てる生産拠点として確立できると確信しました。ゴミ袋の商社の存在は注意しながら、当社の生産拠点として進める事にしました。実際に話をしてみると、E社にとっては願ってもいないことだったようで、価格や納期、また品質の厳しさも説明し、それらすべての条件を守るということで合意しました。

幸いE社の社長が福岡市内に土地を所有されており、この場所に当社の専用工場を建設する事となりました。私はE社に資本を入れる事を提案したのですが、社長は福岡でも有数の資産家で、受け入れられませんでした。敷地は約二〇〇坪位の広さだったと思います。

当時プラスチック業界での製袋加工は、ほとんどボトムシール（筒状のフィルムの底部をシールしている袋）の加工が主流であり、E社もすべてボトムシール加工でした。そこで当社は、当時では目新しいサイドシールを導入することにしました。サイドシールを導入すると、袋の口の部分に自動で持ち手をつけることができ、また巾着など製袋のバリエーションを増やすことができます。この機械を当社で購入し、建設されたE社の工場に設置しました。価格はボトムシール機の四~五倍の金額でした。

このサイドシール機を所有する事で他社との差別化ができ、仕事の範囲も拡大し新しい販路を獲得する事ができました。また、このサイドシール機を所有する事で仕入先のB社の仕事も行い、一台の能力では溢れるほどの仕事を獲得しました。E社の工場は当社だけの仕事を行うようになり、独占工場として運営し、部外者の立ち入りも禁止し、当社の企業秘密も守る事ができました。

数カ月後、二台目を購入しさらに生産能力はアップしました。

自社工場をもたない悩み

E社工場は少しずつ軌道にのり、当社の戦力として使えるようになり、国内の主力工場として稼働するようになりました。当社の販売する商材は販売促進の袋が主流のため、一番求められていた納期管理がスムーズとなり、さらに販売の拡大ができたことから、工場を持つ強さを実感しました。

しかし、やがて製品のクレームが少しずつ発生してきました。私も工場に毎晩訪問し、検品、品質管理の指導を行い、少しずつ改善はされましたが、製品に対するE社の考え方、品質管理等の文化の違いを痛切に感じました。

E社の本来の主力製品はゴミ袋が主流でした。すぐに捨てられてしまうゴミ袋であれば問題ない品質なのですが、当社の製品は一流企業に納入する商品であり、当然品質は求められます。この事を何度も何度も足を運び、説明・指導してきましたが、少しずつの改善に止まり、自社工場ではないがための、大きな壁を感じさせられました。

同業者からは工場を持たないメーカーと馬鹿にされ、何よりも、一流企業からの品質要求は日増しに高くなっていきます。今後、それに対応していくためにも、自社工場の必要性を痛感いたしました。

日本のポリエチレンの工場は、インフレ、印刷、製袋とあるなか、ほとんどの工場はインフレを自社で行い、印刷、製袋は下請けで加工する仕組みが業界のスタイルでした。

B社は自社ですべてを行う工程で運営し、他社との差別化を図った企業であると認知しております。この事が、今現在のB社の強さ、発展があった要因だと思います。当社も自前の工場を持つなら、一貫した製造工場にする事が成功の近道であると確信しておりました。

親孝行を確信し新たな決意

この頃、前述したように当社役員（父・弟）と些細な事で意見の違いが頻繁に発生し、今後の事が思いやられ、考えさせられることが日毎に増えていきました。

私が最初から会社をつくり、途中さまざまな苦労をしてここまで成長させ、ようやく軌道にのったところで父の意向で弟を入社させたのに、その役員からなぜ苦言を言われるのか。私は将来の展望を考えさせられました。

だんだん仕事よりもこの事にストレスを感じるようになり、悩みました。

ある日、最初から仕事を一緒にし、会社の成長を共にした信頼できる女子社員に相談してみました。答えは、「父にとったら子供はみな子供であり、平等に扱う事は当然です。でも会社組織の中で上下の関係を明確にしていない事が、今回の悩みの原因ではないですか」と言われ、私の脇の甘さに悔しい思いをしました。

考えてみれば、父が会社の成長を喜び、銀行や親戚に嬉しそうに話すその姿が、私自身嬉しくて、父を立ててあえて色々な事を相談して父を喜ばせ、親孝行ができたと思っていました。

この頃には私は社長に就任し、父は会長の役職に就いていましたが、父としては、自身が会長であり、父と家族の力で成長させたと思っていたのだと思います。すべては兄弟に平等に与え、上下の関係ではなく、家族皆一緒に成長すればよいとの考えがあったのでしょう。

今考えてみれば、私が周囲の事を考えず、もっとワンマンで会社を引っ張っていけば、このような事態にはならなかったのではないかと思い、反省しています。

でも、親孝行はできたと思っています。

国税局からの査察

会社も成長し、売上げも年商約三十億の安定した法人となり、さらなる成長戦略を考え始めました。

突然の査察

そんな時期突然、国税局の査察が入りました。平成三（一九九一）年九月のことです。本社、福岡支店の二カ所に総勢五十〜六十名の国税局職員が朝九時に一斉に立ち入り、私は身動きできないよう統括官から監視されました。私の使用していた車も、職員立ち合いでトランクの中、ダッシュボード、座席の下など徹底的に調べられ、なんでこのような調査を受けるのか不安と恐怖でパニックになりました。

過去に不正行為があったのか？ 今までの経理処理に間違いがあったのか？ ずっと合法的な経理処理を行ってきたのに、また当時、数億円の納税を毎年申告しているのに、なんでこのような査察を受けるのか思い当たる事がまったくなく、気が動転してしまいました。もしかしたら、本社の会計処理は会長が独断で行っているので、そこらに問題があったのか……などと思い、本社に電話をしようと試みましたが統括官から電話も止められ、より不安になりました。

後日、同業者からは、「モロフジの成長は話題になっているから国税局に目をつけられて、今回の査察に至ったのでは？」という話も聞きました。当時は、会社が急成長したら国からこのような仕打ちを受けるのかと、理不尽に感じたものです。会社が成長し、納税も社会の義務と考え事業を行っていたのに、なぜこのような査察を受けるのか。その時は正直、事業意欲をなくすことすらあり、今後の会社の方向付けを考えさせられた事もありました。

しかし実際に世間では、急成長し会社規模が大きくなると、必ず国税局の査察を受けると聞いていましたので、まさにその通りの事が当社にも訪れたのだと思い、冷静になって改めて考えると気持ちも少し楽になり、国税局への対応も少し余裕ができてきました。

九月から税務調査がスタートして以来毎日、本社のある瀬高には税務局員の立ち合いで出社し、つらい思いをいたしました。十月になってようやく調査は終わり、最後に国税局当局から説明がありました。基本的には経理処理はしっかりできている。ただ、不明金が経費で処理されている等の指摘がありました。私の役員報酬として課税されました。

また、大手メーカー向けに輸入販売していた柳素材のバスケットの一部にカビが発生したので、販売できず焼却処分した分の在庫を否認され、数億円課税されました。この大手メーカーの柳素材のバスケットの販売も、私は知識不足の商材であるため不安を感じていたのですが、案の定このような事態となり残念な思いで一杯でした。自信のない商材を販売すればこのような結果となる、と反省したものです。

国税局統括官からの指摘と今後の対処

国税局統括官から、今後は役員報酬を上げ、その報酬から資金を捻出するのは法人としては問題はないとのアドバイスを受け、またこれだけ急成長した企業であるので、資金が必要な事は理解できるとの説明を受けました。

なお社員の士気を高めるため、毎年決算賞与と一緒に海外への社員旅行費用を計上していたところ、決算賞与は問題はないが、海外旅行費用の計上は問題があると指摘を受けました。理由は、当社の決算期が五月で海外旅行の実施日は九月のため、この資金計上が税法上問題があるとのことでした。その上、私の知らない資金が本社経理で支出されており、説明に苦慮いたしました。

当時、本社経理は会長の管理下にあり、普段から打ち合せを行った事もなく、説明に手間取ったことで、社長としての認識不足との指摘を受け、今後は会社の組織を確立した上で運営を行うよう指導がありました。

今回の査察は、海外旅行費用を計上している事も原因の一部である事が考えられました。毎年、豪華な旅行を計画しており金額も多額なため、旅行会社の反面調査で当社の存在が浮上し、実態の確認で査察の対象となったのだと思いました。

しかし当社の経理処理の件では、女性社員の局との対応、資料保存状況など総合的に見て、急成長した企業にしてはしっかり管理されていると、当社女性社員が優秀であるとのお褒めの言葉をいただきました。

今考えると、社員にできるだけ還元してやりたいと思ってした事が、このような大問題になり社員に迷惑をかけることになりました。これを機に反省すべきことは反省し、より慎重な会社経営の重要性を痛感しました。その後、海外旅行を行う事はなくなりました。

同族企業を離れ、独立決意　株式会社モロフジ設立

悲願の経営組織確立に向けて

国税局の調査も終わりしばらくして、今後、今の役員と一緒に仕事をやって行けるだろうかと悩み続けました。私がここまで会社を成長させたこれまでの苦労は誰にもわかってもらえず、現在のモロフジ(株)の立場でのやり取りに虚しさを感じ始めたのです。

今なら会社を一人で起こしてもやっていける自信もあり、今後、後継者、戦略、方針等で揉めることもなく、余計なストレスがなくなり仕事に没頭できると考え、独立

する決心をしました。

父にこの話をすると、さっそく家族会議を開き、意外とすんなりと受け入れて了承されました。おそらく、私がワンマンで役員との摩擦もあり、役員にとっては大感激だったかもしれません。今後は、彼ら自身で組み立てて会社を成長させる自信があったのだと思います。

それから分社化の打ち合せを行いました。モロフジ(株)は東京に販売拠点を持ち、売上の七~八割の得意先を持っていますが、ここで分社化の話を得意先にすると、結果的に影響が全体におよび、グループとしてマイナス効果が発生すると考えました。よって関東すべての得意先はモロフジ(株)が営業を行い、関西以西の得意先はサンセイ株式会社が営業を行うことにしました。

海外製造、国内製造(E社の工場)はサンセイ経由でモロフジ(株)に販売すると取り決めました。サンセイは元々モロフジ(株)の製造会社で、今から新しい法人を設立し組み立てするには時間も費用も発生するし、私がサンセイの社長を兼務していましたので、この会社で進行する事にしたのです。株は当時、父の「兄弟みな平等」の精神で、仕事とは関係のない兄弟も株を持っており五名が株主でした。このとき株の調整を行っていれば、後々スムーズに会社が進行できたと思います。

命名・株式会社モロフジ

分社した時、サンセイの売上は五〜六億位で、モロフジ（株）福岡支店の社員全員約十名前後を引き受けスタートしました。

さっそく、個人的に懇意にしてもらっていた飲料メーカーの専務に報告に行ったところ、いきなり、「お前は馬鹿だ！　自分でここまで苦労してつくった会社を手放すなんて、考えられない」「おまえが主導で会社を運営すればよかった、ええかっこし」だと言われ、今後、苦しい思いをするだろうと釘をさされました。

また、結論を出す前に相談してほしかったとも話され、「おまえは男気が強すぎるから今回のような行動を起こす」と注意を受けました。「もう進んでいる以上仕方がない、今後は慎重に行動し、がんばってサンセイを成長させて僕らを喜ばせてくれ」、との言葉をいただきました。

大手ビールメーカー各社では、包装資材や販促資材の購買は東京本社で行われており、各支社では購買できないシステムでした。ただ一社だけは支社での購買も可能で、モロフジ（株）の福岡支店がフォローを行っていたので、早速、サンセイの名刺を持ち、西日本支社を訪問しました。そこで事情を説明したところ、懇意にしている部長から「家のゴタゴタを持ってくるな！」とのお叱りを受けました。そして、「なんでおまえが辞めるのか」と、飲料メーカーの専務と同じような言葉をいただきました。

そこで、サンセイの口座開設のお願いをしたのですが、「これは会社と会社の取り引きであり、おまえが独立したからと言って口座を作って下さいというのは甘い。世間では通用しない。口座を下さいと二十年も通っている業者もあるが、いまだに口座開設できていないんだ」と、厳しい口調で諭されました。社会の厳しさを思い知らされ、私の考え方の甘さを指摘されました。

しかし翌日、この部長から話があるので訪問するようにとの電話がありました。面談したところ、「昨日の口座の件でいい考えがある」と話されました。

その内容は、モロフジ（株）を分社し、新会社が関西から西を担当する事にして、社名も「モロフジ」のブランドを利用し、「株式会社モロフジ」であれば口座も開設できる、とのことでした。そこで社名をサンセイから「株式会社モロフジ」へと変更することに決めたのです。

一難去ってまた一難、求められる決断

平成三（一九九一）年十一月、卸業ではなく、「モノづくり」の会社として㈱モロフジはスタートしました。

一部得意先をフォローしつつ、モロフジ㈱の生産拠点として運営を行っていましたところ、モロフジ㈱より家賃の値上げの連絡がありました。現在の家賃を数倍値上げするという申し入れでした。分社化する際に家賃を支払う取り決めをしていたのですが、数カ月も経たないうちに値上げを要求されたのです。これには驚き、正直激怒しました。

モロフジ㈱福岡支店は太宰府の大佐野にあり、私が社長時代に建てた社屋で愛着もあります。社長を辞めることでこんな仕打ちを受けるのか……と悔しい思いで一杯

で、現実を思い知らされました。

すぐに、(株)モロフジ本社の建設用地を探すと同時に、銀行への融資の依頼と経緯説明などに時間を費やしました。当時、バブルで建設用地の確保も難しく苦戦しましたが、幸い現在の用地が確保でき、ようやく本格的なスタートを切れる環境が整いました。

しばらく経つと、分社した事によりさまざまな問題が発生しました。某機械メーカーから聞いたのですが、モロフジ(株)からサイドシールの製袋機のオーダーをもらったとのこと。また、独自で香港に現地法人をつくったという話を聞かされ、さらには株式会社フジシステムという会社を設立し、ポリエチレンの加工を始める事も確認しました。

海外製造、国内製造は私の会社を通してモロフジ(株)に販売するという取り決めが反故にされたのです。今後、自社での販売戦略の行動を起こさないと、当社の存続さえ懸念されるような危機感が芽生えました。

分社した際の約束はことごとく破られ、このような事が許されるのかと激怒し、モ

料金受取人払郵便

博多北局承認

7183

差出有効期間
2022年10月31日まで
（切手不要）

郵便はがき

812-8790

158

福岡市博多区
奈良屋町13番4号

海鳥社営業部 行

通信欄

通信用カード

このはがきを，小社への通信または小社刊行書のご注文にご利用下さい。今後，新刊などのご案内をさせていただきます。ご記入いただいた個人情報は，ご注文をいただいた書籍の発送，お支払いの確認などのご連絡及び小社の新刊案内をお送りするために利用し，その目的以外での利用はいたしません。

新刊案内を ［希望する　希望しない］

〒　　　　☎　（　　）

ご住所

フリガナ

ご氏名　　　　（　　歳）

お買い上げの書店名　　　　**商売魂　モロフジ40年のあゆみ**

関心をお持ちの分野

歴史，民俗，文学，教育，思想，旅行，自然，その他（　　　　）

ご意見，ご感想

購入申込欄

小社出版物は全国の書店，ネット書店で購入できます。トーハン，日販，楽天ブックスネットワーク，地方・小出版流通センターの取扱書ということで最寄りの書店にご注文下さい。なお，本状にて小社宛にご注文いただきますと，郵便振替用紙同封の上直送致します（送料実費）。小社ホームページでもご注文いただけます。http://www.kaichosha-f.co.jp

書名		冊
書名		冊

株式会社モロフジ本社社屋（平成6年）

ロフジ（株）に抗議しましたが、なしのつぶてでした。企業人としての理不尽な行為に、発する言葉も見つかりません。

考えてみれば、私自身が一番馬鹿だったのです。親、兄弟、自分の事に気を取られ商圏を渡し、その結果苦しむことになり、自分のお人好し加減に情けなくなりました。

この一件以来、私はモロフジ（株）に訪問する事はなくなりました。

その後、（株）モロフジの体制作りとして、B社からI氏を常務として招き入れました。

今後、（株）モロフジも東京戦略を取らないと会社の維持はできない事もわかっており、初めて大学卒の新入社員四名を採用し、着々と体制作りを進めました。

私もまた、営業員として新規得意先の開拓に日々没頭しました。少々無理なこともしたものです。とあるS社という会社のキャラクター袋を代理店から受注したのですが、基本的にS社は、「自社工場を持っていない会社に依頼する事はできない」という原則がありました。

当社は内密に、専用工場であるE社で製造することで進めていたのですが、S社が立ち合いをしたいとのこと。E社の名が出たらまずいので、立ち合いの際、E社の看板の前に新入社員四名を立たせて、社名を隠した事が思いだされます。今だったら許されることではないのですが、まだおおらかだった時代のことです。

この頃、不幸な知らせがありました。ずっと一緒に仕事をして、私の悩みの相談相手でもあった営業部長が朝、突然亡くなったというのです。連絡を受けたときはあまりの衝撃で、頭の中が真空状態になったようでした。彼は、会社を思って裏表なくまじめに働き、会社の成長を一番喜んでくれる社員でした。ショックでしばらくは仕事が手につかず、「いったい、何のために生きているんか……」と考えさせられる日々が続きました。

しかし会社は動いており、社員を抱えている以上、立ち止まることはできません。少し落ち着いて現実を見つめると、早く会社を成長させる事が、彼への恩返しだと考えられるようになりました。私は一層、得意先の開拓に没頭しました。

現在の成長した(株)モロフジを見たら、彼はきっと一番喜んでくれると思います。

本社にて（平成6年）

社運かけての再出発・過去の実績により有利に展開

ビール業界はモロフジ(株)が得意先としてすでに確保していたので、当社は別の販売先の戦略を考える必要がありました。スーパー、ドラッグストア等に足を運び、自身の目で市場調査を実施したところ、栄養ドリンク一〇本の箱にサイドシールの自動手付の袋が使用されているのを見つけました。この袋を使用しているのは当時、まだ一社くらいのようでした。

当社はサイドの製袋機を持っており、価格的にはダントツ勝てる自信があります。今後プレゼンすればマーケットは拡大すると考えました。私は製薬メーカーに的を絞り、営業活動をスタートしました。

東京、大阪の製薬メーカー本社に直接アポイントの電話を入れても無駄なことは、経験上わかっています。根気よく電話を続けるにしても時間がかかる。私はメーカーの九州支社を攻める事にしました。大手栄養ドリンクメーカーを調べると、九州には七、八社あることが確認できました。さっそく、一社の九州支社にアポを入れ訪問しました。最初は相手にしてもらえなかったのですが、その後も数回訪問していくうちに、会話ができるようになってきました。

ある時、資材課長に政策プライスを市場価格のような感じでプレゼンいたしました。資材課長もこれに反応され、ビックリした様子が窺えました。さっそく東京本社を紹介され、その後、商談が成立し納入業者として認められました。

ほかの製薬メーカーにも同じように営業をかけ、本社に栄養ドリンク一〇本用バッ

北海道道東への社員旅行（平成8年11月3日）

グを納入できるようになりました。

　この時感じた事は、当社の取引先についての質問が必ずあり、大手ビールメーカー、大手飲料メーカー等の名前を出すと製薬メーカーも安心し、商談がスムーズに進むということです。この名前を告げる前と後では、対応の差が歴然としていました。

　大手看板の重みをあらためて感じたものです。

平成九（一九九七）年　株式会社モロフジ東京事務所開設

　製薬メーカーのフォローで東京事務所

の開設が必要となり、平成九年、東京の千代田区に(株)モロフジの東京事務所を開設致しました。

初代所長として、新卒の優秀な社員を指名し、一人で東京地区の開発を進めさせました。私も頻繁に東京へ出張し、共に開拓を進めました。初代所長の努力もあり、東京での商売も少しずつ実績ができ光が差してきました。

三和銀行の支店長から大手製薬メーカーの常務を紹介してただき、大阪本社で面談。その後、その製薬メーカーの東京支店を紹介いただいて、当社の東京事務所の社員が商売を拡販。ノベルティの納入業者として認知され、商流を作りました。

東京事務所も単独で黒字化され、社員を増員しました。すると次第に、妙な話が耳に入るようになりました。どうも当社社員が営業活動をしていると、モロフジ(株)からクレームが入るというのです。「この得意先はモロフジ(株)が動いているから」と、当社に営業活動の中止を求められ、自由に動けないと言います。

社員には悔しい思いをさせましたが、私もその時は、まだ「モロフジ」のブランドが必要と考え我慢いたしました。しかし、当社が開発した製薬メーカーまで、モロフジ(株)がデパートの外商を使って営業をかけ価格競争となり、グループでの戦いになっていきました。モロフジ(株)も、当社が予想以上に力をつけてきたことに脅威を感じ、焦っていたのでしょう。しかしこれは、お互いに自分たちの首を絞める結果となります。値下げ合戦をしていては、利益は薄くなるばかりです。このままではこれから先、行き詰まる事は明らかで、悩む日々が多くなりました。

製薬メーカーは当社が開拓し、「(株)モロフジ」の名を製薬メーカーのなかでブランド化しました。しかし、その後製薬メーカーを訪れた「モロフジ(株)」と当社の区別がつかず、担当者が当社と間違えて商談をしたことも事実です。

ある日突然、大手ビール会社本社から訪問要請

当社のビール会社への販売はビールメーカー一社であり、当社の売上の三〇〜四〇パーセントを占めていました。

大事な顧客なのでこのメーカーとの距離を縮める事が必要であり、私は本社のある

某部署に頻繁に訪問し情報確認を行い、ビールメーカーの方針や動向の収集を行っていました。某部署の担当者とは関係も良く、当社の製造先のB社、E社の工場立ち合いなど一緒に行動し、個人的な付き合いもありました。

するとある日突然、この大手ビールメーカー本社役員から訪問依頼の連絡を受けました。本社の役員からの依頼であるため、私は大きな仕事があるのかと思い、胸もときめき、東京の社員と訪問しました。応接室に通され、最初は世間話で穏やかな会話でしたが、やがて「(株)モロフジ」と「モロフジ(株)」の関係を問いただしてきました。(株)モロフジが関西以西の支社を担当し、モロフジ(株)が関西から東の支社を担当して互いに競争していて独立している事を説明し、当社が大手ビールメーカーに納入している商品の説明をいたしました。なんとなく、その場の空気がおかしい事に気づきました。

すると次に、「当社の某部署になぜ頻繁に訪問しているのか」と、担当者との関係を説明するよう質問がありました。当然、某部署には当社が納入している商品の安全性や、開発商品が販促品として使用できるかの試験依頼で訪問していますと話をしました。

また担当者との関係は、当社の九州の製造拠点の工場査察があった際、私が立ち合いご案内いたしましたと話をしたところ、「それだけではないだろう」と強い口調で問いただされ、「すべて調べはついている、早く真実を話しなさい」と追及されました。また、「今日担当者に連絡をしたらすぐわかるようになっている」との話もあり、これは尋常ではないと察しました。

つまり、私と某部署の部長との間に、なんらかの癒着があることを疑われたのです。役員からは、大手ガラスメーカー、大手印刷会社等の会社も調べて、担当役員から事実の説明があり謝罪反省を受けてる、なぜおまえは事実を語らないのかと激怒され、「おまえぐらいの小さな会社が、大手ビールメーカーに口座を持っていることも不思議な話だ」、「おまえの会社は取引停止にする！」とまで言われました。担当者から口座を作ってもらったのかという質問もあり、違いますと話をし、口座開設の経緯を説明しました。

話し合いは平行線のまま夕方近くまで時間が経った頃、役員から、「今夜ひと晩よく考えて、明日は朝から訪問するように」との指示がありました。当社東京の社員も話の途中で退席させられ、心配をかけました。

私は東京事務所に戻ると本社に状況報告を行い、社員に今日の面談の話をし対応を考えました。東京事務所では数名が退社せずに待機してくれており、またモロフジ(株)の役員にも現状を報告し、当社は取引停止になるので独立している会社と話すよう指示しました。

翌日の役員との対応策に頭を抱えても、いい案が浮かびません。某部署の担当者とは懇意にしていたので、普通に食事会なども行っておりましたが、そのことで妙に勘ぐられても困ります。担当者に迷惑がかかり、お世話になった方を裏切るようなことは、たとえ口座がなくなってもできません。ともかく、残っていた社員に協力をあおぎ、某部署との関係がありそうな書類すべてを提出するよう指示を出しました。すると深夜、女子社員から、「某部署と担当者に御中元・お歳暮を博多大丸から送っています」との連絡がありました。そこでようやく、明日の面談のストーリーを思いついたのです。皆朝方まで協力してくれ、つらい思いをさせました。

翌日も一人で訪問するよう指示があっていたので、朝一番にビールメーカー本社の応接室に一人で訪問しました。

すぐに昨日の続きの話がありましたが、相変わらず平行線でした。しかしいくら「何もない」と話しても、役員も一度ふりあげた拳はそのまま下ろすことはできません。私もそのことはわかっていました。そこでタイミングを見計らい、「大変申し訳ございません、昨夜よく調べてみると、某部署と担当者にお中元を博多大丸から送っていました」とコピーを渡し必死に謝罪しました。癒着と言っても、お中元程度ならそれほど大事にはならない筈です。しかし、物品の授受があったことは事実になるので、役員としても落としどころになると思ったのです。

役員は「ほらみろ、そういう行動があるじゃないか！」と言い、ようやく挙げた手を下す事ができたと思いました。役員の立場を守り、担当者にも迷惑をかけず、また当社の口座も守られ無事解決したことに安堵しました。

今回の出来事をよく考えてみると、私自身が中小企業の社長のため、営業として動けばさまざまな事ができる立場であるので、疑念をもたれる事もあるのだろうと感じました。また相手が大手企業だったため、どうやら派閥争いに巻き込まれたという事も察しました。

その後一週間ぐらいして、また役員から電話があり訪問するよう指示がありました。前回の話の続きかと思い不安な気持ちで訪問しましたが、役員も穏やかで、なんでも役員の元部下がビールメーカーカタログの社長をしているので、当社の製品をカタログに載せ販売したらということで、その社長を紹介されました。

先週の出来事がまるで嘘のように思えました。

父さんありがとう、両社協力し頑張ります。見守っていてください

父の訃報に接し

平成九（一九九七）年七月五日、父が他界したと連絡がありました。

この四～五年、モロフジ(株)と実家には足を踏み入れていませんでしたので、お通夜の会話も最初はぎこちなく、スムーズには行きませんでした。しかしやはり兄弟な

ので、すぐに父の話、子どもの頃の話で一杯になりました。仕事の話は利害関係もあるので避けてはいましたが、最終的には両モロフジの話になり、それぞれの諸問題、また私が過去に経験したつらい思い出の話が主流となりました。

さらに、グループ内で競争することで、互いの利益が失われていてはバカバカしいと話しました。得意先からも、二社の「モロフジ」の関係をうまく利用すれば価格を下げられると察知されており、いつも天秤にかけられていました。今後このような状況が続けばお互い利益をなくし、結果、自分達で自分の首を絞める事となるのです。

父の葬儀がなければ、こんな話ができる機会はなかったでしょう。今後、無駄な争いはせず、少しずつ会話のできる環境をつくろうと提案しました。モロフジ(株)の役員もこの考えに賛同してくれました。

お通夜も葬儀も無事に終わり、実家に帰ってからもじっくり話し合いました。特に、近年は品質向上の要求が強く、両社とも一流企業との取り引きが主流のため、自社工場の確立が必要だと確認し合いました。

両社にて自前の工場計画、平成十一（一九九九）年完成、稼働

それからしばらく経った頃、私はすでに鳥栖（佐賀）の工業団地に工場を建設することを考えていたので、その話をしました。

そこで、今後一緒に工場を建て、品質向上と工場を軸として情報の共有をしたらどうかと提案したところ、モロフジ（株）も賛同しました。また、工場は中立の立場で行動する事を確約させ、工場の社長にはモロフジ（株）の役員であり、モロフジ（株）が設立したポリエチレン加工の製造会社・（株）フジシステムの社長でもある弟・計四郎（諸藤家四男）に決定しました。

彼はフジシステムで工場運営の経験があり、適任であると判断し了解しました。

これでこのプロジェクトはスタートしました。さっそく、工場用地の選択を行い、私は鳥栖の工業団地を勧めましたが、モロフジ（株）の反対で断念しました。こちら主導で話が進むのが嫌だったのでしょう。工場用地の事でこのプロジェクトが流れては元も子もないので、ここはモロフジ（株）の主導でやった方がうまく行くと考え、鳥栖工業団地の件は諦めました。

やがてモロフジ（株）からは、地元から近い南関町（熊本県玉名郡）で用地を確保すると連絡があり、当社にとっては遠いと思いましたが、このプロジェクトを成功させるには反対はできないと思いました。

念願の自社工場「株式会社プラトム」竣工へ
地鎮祭の様子（平成 11 年）

モロフジ（株）主導で着々と工場用地、建設工場の設計が進みましたが、機械の選定は会社の将来がかかっているので私も加わり、他社との差別化を図るための機械を推し進めました。

ポリエチレンメーカーA社の工場長からも指導を受け、スムーズに事が進みました。立案から二年後、無事完成し、平成十一年十一月から稼働する事になりました。

会社名は「株式会社プラトム」と社長が決定しました。この工場はB社と一緒でインフレ、印刷、製造を一貫してできる工場で、さらにサイドシールの製袋ということで、他社との差別化を図れました。

当初は総額で一〇億の投資で進む予定でしたが、設備メーカーからグレードアップの話があり、プラトム社長は設備能力と生産性のアップ、また設備メーカーの意向を考慮して、結果、総額一七億の工場となりました。私は不安を感じつつも、やるしかない事もわかっていました。

工場「プラトム」を軌道に乗せるため両社一丸

月に一回経営者会議を開き、情報の共有、工場の進捗状況の確認、問題点の打ち合わせを行いました。その中で、「工場のキャパに対して受注が少ない」という社長の発言があり、両モロフジに受注を増やすよう依頼がありました。当然の事です。両モロフジに責任があるので、見込み発注もするようにモロフジ(株)の社長にも話し、当然、当社も無理してでも発注する事を約束しました。工場の稼働率は両モロフジに責任がありますす。プラトムの社長には責任はないと言って励ましました。

その後、少しずつ工場らしくなり、このプロジェクトが成功した思いがし安心しました。ただ、一七億の投資に関しては、スムーズに返済できるのか、頭から離れる事はありませんでした。

新工場、重すぎた負担

急遽、社長就任へ

工場が稼働してから四、五カ月後、モロフジ（株）から工場の件で話があると連絡を受けました。さっそくプラトムに行き会議室に着くと、雰囲気がいつもと違います。瞬間的に「何があった」と問うと、「プラトムの社長が辞任するとの話がある」と説明を受けました。

なぜたった数カ月で辞任するのか理由を聞くと、「莫大な投資額であり、今後行き詰る」「自分に自信がない」とのことで、とにかく早く辞任したいと申し入れがありました。何度も引き止めましたが、聞き入れてくれませんでした。

モロフジ（株）の社長からは、「このプロジェクトの話は、（株）モロフジからの提案であり、(株)モロフジが運営すべきである」ということで、私がプラトムの社長になるべきだと言われ、唖然としました。

私がこのプロジェクトの話をしなかったら……とも思いましたが、現在工場はすでに動いており、止まることはできません。私がプラトム社長になることで、当社の営業が衰退する事もわかっていました。しかし、選択の余地はありません。私はプラトムの社長に就任しました。

考えてみれば、プラトムの前社長は責任だけ両モロフジに押しつけられたような形です。実際の工場の稼働率と投資の金額を鑑みて、最終的には破局があると思ったのでしょう。一七億のプレッシャーが辞任の直接の原因ではないかと推測しました。

一からの出直し

プラトムのため、自ら活動開始

私がプラトムの社長に就任し、翌日からいざ出勤してみると、驚く事ばかりでした。

どこから手をつけていいのやら、問題が山積みしていました。

まず社員の教育もなされておらず、仕事に対しての考え方も子どもの発想でした。工場内も空き缶が散乱し、オペレーター室には雑誌があり、これが一七億投資した工場かと嘆かわしい気持ちになったものです。工場は最新機を導入しているにもかかわらず、完全に機能していませんでした。

工場を軌道に乗せるには時間を要する事も認識していましたが、それを差し引いても、前社長がフジシステムを運営していた事さえ疑問に思うほどでした。

とにもかくにも、多額の借り入れがあるのだから、早急な軌道修正が必要です。心の中は焦りで一杯でした。

まず社員の能力、性格を観察して、適材適所に社員を配置する事にしました。

プラトムにはフジシステムの工場から大勢の社員の移籍があり、フジシステムの文化がそのままプラトムに引き継がれ、それらがプラトムの問題点となっていました。

社長交代は、「プラトムとしての文化」をつくるには最大のチャンスと考え、私も現場に頻繁に出入りし社員と会話し、考え方、当社の方針などを直接伝えるよう意識的に行動しました。社員のなかには優秀な人材も確かに存在し、彼らが育ってくれたらプラトムも成長すると希望を持つ事ができました。工場内も少しずつ整備され、少しずつ工場らしくなっていきました。

つぎに人事の問題にメスを入れ、プラトムの体制作りに着手しました。

プラトムはフジシステムの流れで社員の採用、工場運営が行われており、社員はすべて、一人の南関出身者の采配で動かされ、社員も私の指示より彼の指示で動くような事もありました。プラトムの工場立地も、彼の提案で南関に決定したそうです。私としては腑に落ちない感情を少なからず持ちました。しかし彼は技術者としては優秀で、プラトムにとって必要な人材であり、彼に退社されては困ります。とにかく彼に気を遣いながら対応しました。

しかしいくら優秀といえども、彼は一社員です。一社員にすべてを任せるなど、前社長は莫大な借入金の返済のことなど考えなかったのでしょうか。自分との価値観の違いを実感し、彼が早く辞任したのは結果的によかったと思いました。

また、プラトムのスタート時、地元の玉名出身者で大手化学メーカーの技術者を出向で受け入れており、定年がきたら当社に転籍する契約になっていることをプラトムの社員から聞きました。彼の仕事ぶりや行動を観察しても、当社にとって将来プラスになる人材ではないと思えたので、契約解除しました。

管理日報から湧き出る疑問

工場の管理日報をチェックしていると、疑問に思う事がいくつか出てきました。

インフレでの巻き取りスピードと製造原反《げんたん》に妙な差があるのです。通常、インフレーション成形では、ポリエチレンの押出量から一時間あたりの生産量が把握できるのですが、日報に記された生産量と稼働時間がどうにも合いません。機械が停止したか、なにかのロスが発生したとしか考えられないことです。当初は、私もまだ経験が浅いので誤差の範囲内かと思って見逃していました。しかし毎日毎日同じような事が発生しています。インフレは二十四時間稼働している筈なのですが、どうも深夜の日報にその傾向が多く発生しています。これは深夜、機械が停止しているのではないかと考え、ある夜、実際に工場に確認に行くと、思っていた通り、従業員は帰宅しており機械は停止していました。

プラトムがスタートして数カ月、このような行為が行われていたのかと思うと悔しくて、「おまえに経営者の気持ちがわかるか」と言いたいぐらいでした。

その後、インフレ日報を改良し、停止時間が確認できる日報に変更しました。インフレ機の押出量は数値で計算できるため、計算値と実数量の差が出た場合、これですぐに確認できます。

またあるとき、社員同士の会話で妙な話を聞きました。これは確認する必要があると思い改めて内容を聞き出すと、話が見えてきました。

なんでも、とある休日の土日に、当社の印刷機をF社の立ち合いで動かしていたとのこと。F社は印刷機の納入メーカーです。「なんでF社が?」と思いましたが、すぐに合点がいきました。印刷機は一台数億円はします。よって購入を検討する場合はまず、自社のフィルムをメーカーに持ち込み、購入予定の印刷機本機で実際に印刷し、サンプルを作成させます。つまりこの日、当社の社員は、他社の印刷機購入予定のメーカーのサンプルを作成していたのです。もちろん、無報酬でそんな手伝いをする筈はありません。当社の印刷担当従業員が、その土日に出勤していたこと、また経理の方でも、Ｆ社から何の入金もなかったことが確認されました。

該当者にボランティアでこの作業を行ったのか質問をしたところ、なかなか返事がありません。さらに追及すると、個人的にお金を受け取っていたことを白状しました。主導していたのは、フジシステムからプラトムの工場責任者として任せていた社員でした。金額は総額で数十万円で、印刷関係者で分配していました。

この不正自体は、プラトムがスタートしてすぐの出来事だったようで、私が気づいたのはその一カ月後でした。過去のこととはいえ許せない思いでしたが、今私がこの件で彼を追及すれば、皆を引き連れて辞めてしまう可能性があると考えました。今後プラトムが機能しなくなることを恐れ、注意指導する事を断念しました。

フジシステムでは黙認されていたのか、彼らは、特に悪い事をしている意識はなかったのでしょう。社員同士の話で普通に私の耳に入るくらいですから……。しかし、社会通念上、許される行為ではありません。早く新体制を作り、注意喚起できる環境づくりが急務であると自覚いたしました。

管理体制のむずかしさを実感

少しずつさまざまな事が改善され管理も徹底し、ようやく工場として機能するようになったのは、私が社長に就任してから一年ほど経った頃でした。

そんななか、また問題が発生しました。当社では官公庁のゴミ袋も製造していたのですが、そのゴミ袋を横流ししている社員がいるとパート従業員から内部告発がありました。この社員は私が社長に就任してすぐに、「危ないな」と思い行動に注意するよう指示をしていた人物です。というのも、彼は私の目を見て話すことがなく、会話や日報の内容もあやふやで、整合性に欠けていたのです。案の定問題を引き起こしました。

調査の結果、夜勤の際に車を横づけし自分の車にゴミ袋を積み込むのが確認できました。当然社員は、処分を受け退職しました。

当社はポリエチレンをペレット（粒上の固まり）で仕入れ、溶かしてフィルム状（原反）にし、印刷を行い袋状にします。仕入れは「キロ」、原反は「メーター」、袋は「枚数」と、その工程で管理の単位が変わっていくので、計算上数値に異常がないか、徹底管理していました。しかし、不正に製袋したものも「ロス」として処理されてしまうと、どうしようもありません。

このような事件が起きた事で、管理体制のむずかしさを実感しました。

プラトム健全化、努力が実を結ぶ

私は毎朝、五時ぐらいに自宅を出て出勤していました。六時過ぎにプラトムに到着し、まず会議室と二階のトイレを掃除し、七時にはデスクに座り仕事にかかります。日報と社内書類に目を通し、問題点の確認、幹部との打ち合わせを済ませ、八時過ぎには現場に入り現場の問題点と品質のチェック、そして生産性向上の指導を行うのが日課でした。プラトムを退社するのは夜九時位で、物流費節約のため、三トントラックに(株)モロフジへ納める製品を積んで、荷物を届けてから自宅へ帰ります。その際、必ず(株)モロフジの情報を確認してから帰宅していました。

家に着くのは夜の十時くらいで、心身ともに疲労困憊していました。この当時の平均睡眠時間は四～五時間程度で、このような生活が二～三年続きました。

私がプラトムの社長に就任してから三年目に、初めて黒字の決算ができました。社員の協力のもと、苦労が実ったのは嬉しいのですが、こんなにも早く黒字化できたのが不思議なほどでした。後から公認会計士に、「間違いでした」と言われるのではないかと心配したくらいです。

初期投資が一七億円ありながら、こんなに早く黒字化できる会社は珍しいと、公認会計士からもお褒めの言葉をいただきました。当然借入金の返済も問題なく、銀行からも高い評価を受けました。今考えてみると、時代背景もよかったからできたのかなと思います。

ビール販促資材の使用禁止

話は前後しますが、プラトムの工場建設に着手し走り回っていた頃、大手ビールメーカーから、「大変な事になった」と連絡が入りました。

なにごとかと思って訪問したところ、平成十二（二〇〇〇）年四月から環境問題、容器リサイクル等の観点から、ビール会社四社でビール販促資材の使用禁止が決定されたとの報告でした。

ビール会社の担当者も、当社が工場建設を進めていることもご存じで、工場はストップできないかと心配してくださいました。工場建設の進捗状況を説明し、もう止められないことも話をしました。

担当者からは、「この情報は、まだビール会社の幹部しか知らない情報だから、情報の取り扱いに注意するように」と、また在庫をできるだけ少なくするように指導を受けました。

当社の一五億ほどの売上規模のなか、ビール会社への売上は四~五億のウエイトを占めていました。平成十二年四月からこの売上が突然なくなる訳ですから、打撃を受けるのは当然でした。

プラトムの建設は進んでおり、今後のビール各社の受注も考えて選定した機械もあります。(株)モロフジが受け持つビール会社は一社なので何とかなると思う一方、モロフジ(株)は四社のビール会社と販促ツールの取り引きがあります。この大打撃を受け、プラトムへの受注もなくなるのではないかと不安が走りました。

しかしそのような状況下でも、プラトムは三年間で黒字を確保できたことで自信に繋がりました。

※平成十二年三月「日本経済新聞」朝刊の一面にデカデカと、「ビール大手四社が販売資材ツールを使用しない、金額で三〇〇億位の削減を行う」との記事が掲載されていました。

プラトム五周年

モロフジ(株)、プラトムからの撤退表明

プラトムも設立五年後の決算では一億ほどの経常利益がでるようになり、従業員の努力のおかげで達成できたということで、五周年記念を兼ねて全従業員を連れてタイのプーケットに行きました。

会社が健全になれば、従業員に還元できる事をみなに知らせることが目的でありました。そんな時期に、モロフジ(株)会長(弟の和樹)と社長がプラトムを訪問し、突然、モロフジ(株)も中国の上海に自社工場を建てていると報告にきました。

このプラトムは「モロフジ」両社が、各五〇パーセントを負う出資会社です。私は仕事量（発注）も半分責任があると激怒しました。……が、建設はすでにスタートしており、止まる事のできない話でした。またしても約束が反故にされたことで、もう一切協力は得られないと考え、独自で戦略を立てる必要があると実感しました。

「プラトム」社員旅行でプーケットへ（平成 17年）

その後、モロフジ（株）もしばらくはプラトムへ仕事を入れていましたが、少しずつ量も少なくなり、やがてプラトムは完全に、（株）モロフジの独立した工場となりました。しばらくして株式も買い取り、モロフジ（株）の債務保証の解除を行いました。経営者の責任の重さと、今後の方向付け等、諸問題を一人で解決していくことになりました。

プラトム新工場長にまれにみる人材

そのような事があった時期、業者から「いい人材がいますよ！」と話がありました。説明を聞くと、大手インフレメーカーの工場長を経験され、人物も立派な人とのことで、さっそく面接を行いました。お会いしてみると経験も豊富で、実際人物も素晴らしい方だったので、彼にプラトムの工場長になっていただけないか打診したところ、快く承諾してくれました。彼は赴任するとさっそく、プラトムの組織作りに着手し、組織図を作り自分の位置を社員に伝え、命令系統の流れを全社員に伝達され、工場長として動ける環境づくりをされました。

しばらく工場長の仕事ぶりを見ていましたが、さすが大手で工場長まで上り詰められた人物だと思わされました。プラトムも黒字化でき、ここからさらに飛躍する時期にふさわしい人材でした。考え方も経営者目線で、私も改めて学ぶ事ばかりでした。

工場も日に日に品質、生産性が向上し、驚くほどの成長ぶりです。また、労務管理も前社で経験があったので何の問題もなく、人材次第でこれだけ成長できるのだということを実感しました。この優秀な工場長がいるおかげで、私も少しずつ、(株)モロフジに戻り営業の立て直しを進める事ができました。ビール会社の販促品の使用禁止の影響があり、(株)モロフジの売上は六億ぐらいにまで落ち込んでいたのです。

プラトムは工場長に全権限を与え、その後をお願いするようにしました。工場長には「金は出すけど口は出しません」と話し、(株)モロフジの状況を説明して納得してもらいました。

株式会社モロフジに戻り、売上回復に舵をきる

私は(株)モロフジに戻ると、急ぎ売上回復に力を注ぎ、営業で新規得意先の開拓、既存店へのアプローチ等を行い、少しずつ売上は戻り始めました。

工場から戻った直後は、六億の会社規模のわりには社員の数が多く、採算面から考えて事業縮小のことも考えました。しかし縮小する事であふれる社員は当然解雇になり、社員には家族があり生活もあることを考えると、なかなか踏み切れません。

事業拡大は金さえあればできますが、事業縮小の難しさを実感しました。

過去にこんなことがありました。大手石油化学の子会社でG社という会社があり、石油メーカーから出向で赴任された社長から、G社を買い取ってもらえないかとの打診がありました。当社も協力工場として利用していたので、会社の設備、能力、品質

もよくわかっている会社です。

社員は五十数名ぐらいで、土地、建物、設備を決算書で確認すると、固定資産八億ぐらいの金額でした。社長と私は懇意にしていましたので、私に話を持ってきたようです。その日は結論をださず社に持ち帰ると、数日後電話があり、工場のすべてを無償で譲るとのこと。ただし条件として、従業員全員の雇用は守ってくれという話でした。

プラトムは、(株)モロフジ一社のオーダーで、キャパ的にはまだ余裕があります。さらに、G社の販売先は当社のコンペティター（競合他社）であり、到底、当社から買う事はない事もわかっていました。

社長には、上記理由により丁重にお断りしました。社長からは、私だから持って来た話だと仰っていただけましたが、無責任に引き受けることはできません。

事業縮小、撤廃の難しさを身を以て知らされました。

ピンチの後にチャンスあり

新たなる門出に旧来の得意先から商談舞い込む

プラトムは新工場長の采配で、日を追う毎に品質・生産性の向上、社内データの充実が見られさらに成長しました。

私も安心して販路の拡大ができました。また、プラトムの名前が営業の武器として使用できるほどに知られるようになり、営業活動をよりスムーズに進められるようになりました。㈱モロフジの売上もかなり回復し、工場を持つありがたさが実感できました。

そんななか、得意先の焼酎メーカーを訪問した際、焼酎の消費を上げるための全国キャンペーンを考えているという話を副社長からうかがいました。こういったキャンペーンは通常、広告代理店などが主に引き受けますが、ふと、当社も参加できたら面白いのではないかと思いました。そこで、ぜひとも当社もプレゼンに参加させて下さいと話をしたところ、「あなたの会社でできますか」と質問されました。

というのも、このキャンペーンの概要は、金額として総額二億円。テレビ広告等すべてを含み、プレゼン参加業者は大手広告代理店、大手印刷会社A・B社等の五社ぐらいと想定しています。それでも「できる」と返事をしたところ、懇意にしている副社長でしたので、参加することを承認してくれました。

帰社するとさっそく担当社員と打ち合わせを行い、当社と取り組む広告代理店を探す事が急務と考え、西日本シティ銀行に相談しました。するとすぐに返事があり、鉄道会社の広告代理店があるとのこと。すぐに訪問し打ち合わせを行いました。鉄道会社の広告代理店もこのキャンペーンに参加したいと積極的な姿勢で、一緒に取り組む話でまとまりました。また今回の仕事は当社部長をリーダーとする事にしました。

二、三週間後、プレゼンの日となり、当社の順番は最後でした。鉄道会社の広告代理店を引き込んでいるので、駅のホームやテレビコマーシャル等の枠も確実で、総合的に知名度を上げることを目的とした内容です。プレゼンを無事終えると、結果は後日連絡するとの話でした。私が後日、副社長に電話を入れると、当社がまだ候補に残っているとのことだったので、すぐに焼酎メーカーに訪問し、社長と副社長に採用のお願いをしました。副社長からは、「ほぼモロフジで決定よ」と仰っていただき、大喜びで会社に帰りました。

この事は、部長、担当者には話をしませんでした。数日たって焼酎メーカーから当社に決定した旨の報告があり、広告代理店と大喜びしました。

初の試み、焼酎メーカーの全国キャンペーンに着手
キャンペーンポスターの前で（平成 14 年）

キャンペーンの仕事は初めてであり、また大変であろうことも予想していましたが、なにごとも前進あるのみ。初めての仕事もクリアすれば、次からはそれが実績になるのです。

新たな挑戦

当社部長をリーダーとして、焼酎メーカーとスケジュール、方向性等の話し合いを週二

～三回行っていたようですが、これがなかなか決定に至らず、担当者が訪問するたびに話が変わると報告を受けました。広告代理店も同行していたので、事情はわかってくれているようでした。

すると広告代理店の担当者から、「ここは社長が訪問し方向性の取り決めをしないと事が進まない。最悪キャンペーンの中止の可能性もある」と、話がありました。

さっそく、私が単独で訪問したところ、焼酎メーカー社内で、副社長と社長の意見の違いがあることが察せられました。これは両者にうまく立ち入らないと、キャンペーン自体がなくなってしまうと思い、私はまず社長の自宅を訪問し、距離を縮めることから始めました。

会社で面談すると、色々と憶測が発生するだろうと思われたので、注意しながら行動しました。やがてその苦労が実り、キャンペーンの方向性が決定。話を進めることができました。途中、リーダーである当社部長の担当変更依頼の申し出を受けるなど、紆余曲折がありましたが、平成十四（二〇〇二）年四月一日、キャンペーンは無事スタートしました。

広告代理店は鉄道の強みを活かし東京、名古屋、大阪、広島、福岡、熊本、長崎など駅構内でキャンペーンを行い、そのためのポスター作成や特設コーナーの設置、テレビコマーシャルの撮影、景品の選択等、社員と共に忙しい日々を送ったことが思いだされます。

キャンペーンの結果、広告賞を受賞
写真は受賞式の様子（平成14年）

博多駅でのキャンペーンは、副社長の視察があるとのことだったので、私も博多駅に待機する必要がありました。その日は長崎駅でもキャンペーンがあったので、私は朝一番の特急で長崎のキャンペーンを視察し、博多駅には昼ぐらいに戻って会場に行くと、副社長の姿はなく事業部長がおられました。副社長の代理で来られたとのことで、今回のキャンペーンのお礼を申し上げたところ、事業部長が「モロフジが当初の体制で維持し進めていたら、今回のキャンペーンはなかっただろう」と裏話をされました。

キャンペーン終了後、事業部長を食事に誘うと、「私も話がしたかった」と快く受けてくださいました。

突然の病

長年の心労が極限に

しかしこの日、私は夕方ぐらいから体調が悪くなり、吐き気、歯の痛みなど、経験したことのない痛みが体を襲いました。これは尋常ではないと察しましたが、事業部長と食事の約束をしています。吐き気と痛みをこらえながら、食べたふりをしてなんとか会食を終わらせました。

その後、事業部長から中洲に行きたいと話があり、体調からして到底無理と思いましたが強い希望もあり、中洲のクラブに行きました。頃合いをみて、事業部長はクラブの女性と当社社員にアテンドさせ、私はトイレに駆け込みました。胸が痛く胃の中のものを全部吐き、顔色も真っ青で生きた心地がしませんでした。しかし事業部長に心配をかけるわけにはいきません。早目にテーブルに戻り、何もなかったような顔をして会話を進めました。

十一時ぐらいになり、私から「明日もありますのでお開きにしましょう」と告げ、事業部長をホテルに送りました。帰りのタクシーでは何回も止まってもらって吐きました。

自宅に戻ると、妻が私の様子をひと目見て普通ではない事を察し、すぐに病院へ行くようにと何回も言われました。しかし、明日は広島キャンペーンがあります。私は「寝たらよくなる」と聞き入れませんでした。

するとその内に胸に激痛がはしり、呼吸ができなくなりました。深夜二時ぐらいでしょうか。あまりの激痛に、病院に行く事にしました。長男がたまたま東京から帰省していましたので、長男に病院に送ってもらいました。待合室では一時間ほど待たされ、痛みで半分意識を失いかけていました。診察を受けると、心筋梗塞である事がわかりました。

若い先生から、何時ぐらいから症状があったのかとの質問があり、夕方四～五時ぐらい……と話した後、ふっと意識を失い、気がつけば先生の説明を家族が受けていました。

先生が、「発作から六、七時間たっているので、生存率は二〇パーセントぐらい」と話されているのが聞こえたのですが、ショックを受ける間もなくまた意識を失い、手術室に行く時は意識はなく、目が覚めたのは翌日のお昼でした。

この日は焼酎メーカーのキャンペーンが広島駅である事を思い出し、退院させてくれとお願いしましたが、看護師さんから、「あなたは心筋梗塞で集中治療室にいる」という説明を受け、退院できないことを悟りました。その上、今から一週間が山場で、命の保証はない事も伝えられました。

キャンペーンの途中であり、会社に迷惑をかけることがとてもつらく、残念でした。(株)モロフジとプラトムの事が心配で、集中治療室にモロフジ(株)の社長に来るようにお願いして、一番心配な(株)モロフジ、プラトムの話をし、今後モロフジは統合して、一つのモロフジとして運営できないかと話をしたところ、「後は何とかなると思う」と言って、明確な回答は得られませんでした。

（株）モロフジ、プラトムの社員数も二社で五十〜六十名の会社規模となり、プラトムの借入金もまだ多額に残っています。私がここで死んでしまっては、社員に多大な迷惑をかけ、また銀行の返済も滞ります。経営者として最後の手段と考え、モロフジ（株）にお願いしたのですが、結論には至りませんでした。

職場復帰の一心で治療に専念

こうなっては、何がなんでも生きて、また職場に戻りがんばって復帰してやる、との一心で治療に専念しました。その甲斐あってか、一カ月の入院を終え、無事退院できました。

自宅に帰ると妻から、長男が勤め先の日興証券株式会社を退職したと聞かされ驚きました。私としては退職はまだ早く、日興証券において、「あの仕事は諸藤が実績を残した」と言われるぐらいに会社に貢献してから辞めてほしかったと思いました。

とはいえ、私の突然の病の状況から判断し、何とか父の手助けをしたいという気持ちから、道半ばであるにも関わらず退職の道を選択したのだと思います。その思いに心打たれると同時に、今後、少し楽になれるかと嬉しく思いました。ただ親としては、経営者となると今後、さまざまな苦労をすることが目に見えています。息子にそんな苦労をさせるのは、心配なことでもありました。

今考えてみると、当時は焼酎メーカーのキャンペーンだけではなく、当社が製造した某市のゴミ袋にクレームがついており、毎晩書類づくり、昼間はゴミ袋の回収、検品等が重なっていました。睡眠時間もほとんどないような状況で、いつ心筋梗塞になっても不思議ではなかったと思います。経営者責任の重さを実感することでした。

第二工場開設、太陽光発電設備設置

その後、(株)モロフジ、プラトムは順調に業績も上がり、両社ともに成長し、他社がうらやむような立派な会社になりました。

プラトムは南関町の斡旋で、セキアヒルズのサーキット場跡地を購入し、第二工場をスタートさせました。平成二十六(二〇一四)年のことです。土地二万坪、倉庫、

株式会社モロフジの太陽光発電設備全景

事務所もあり、固定資産で約四億ぐらいの評価でした。

しばらくして、第二工場の屋根に太陽光発電を設置し、五〇〇キロワット以下の太陽光発電の検討をしました。五〇〇キロワット以下の発電は管理者もいらないので、ビジネスとしても有利な話です。

また、サーキット場、駐車場の空きスペースも太陽光発電に利用しようと考えましたが、初期投資が莫大な案件のため、慎重にさまざまな角度から調査を行いました。

その結果、ある業者によると、こ

の計画を行うためには変電所までに鉄塔二本を必要とし、鉄塔一本あたり一億円、二本で二億円の費用が、設備費用以外に発生すると言われました。

これではビジネスとしては魅力がないと思って一度諦めたのですが、このシミュレーションは業者サイドの提案だったので、費用は二十万円ほどかかりましたが、ダメもとで九州電力の玉名営業所に太陽光発電の申請を行いました。すると二週間後に回答があり、当社の場合は鉄塔不要で、電柱数本で一〇〇万円位が事業者負担金になるとの回答をもらい、ビックリしました。

この回答を得たのは、第二工場の屋根に太陽光発電を設置してから、一年半ほど経ってのことです。業者の言う「数億円の付帯設備が必要」との話を信用して、長い期間行動を起こさなかった自分が情けないと反省しました。今後は自分で確認をし、原理原則に基づいた確実な行動の徹底をと、自分に言い聞かせました。

その後、サーキット場、駐車場を利用した太陽光発電事業に着手しました。規模は二メガで、平成二十七（二〇一五）年三月、発電を開始しました。

この時、平成二十七年三月までに発電を実行すれば特別償却（通常の減価償却費とは別に経費の追加計上ができ、利益部分を圧縮できることから法人税が減税できる）が受け入れられるという時限立法があり、発電の利益だけではなく、二重の恩恵を受ける権利を取得できました。

今後、二十年間は売電収入が安定して得られる事で安堵しました。

新製品開発「キャッチバッグ」の誕生

キャッチバッグの誕生

この頃世間では、コーヒーの持ち帰りがブームとなっていました。コンビニエンスストアで淹れたてのコーヒーを買えるようになり、その価格の安さとセルフ方式という気軽さから、一気に全国へと拡がりました。

しかし、コンビニエンスストアやコーヒーショップ等で二つ以上を購入した際、その持ち帰りが不便という声があがっていました。そこで私は、これを解決するための袋の開発に着手しました。

当時は、まずレジ袋を広げ、紙台紙を広げて底にセットしてお客様に渡す方法が主流でした。この方法をベースに利便性を追及し、ワンタッチで底台紙がセットできる袋を開発しました。テレビでも紹介があり、今後拡販できると思い楽しみにした思いがあります。この袋も特許を取得したのですが、社内でもこの特許情報を知らない社員は多いと思います。今後も、販促ツールとして十分使えますし、特許は広範囲の権利を取得していますので、コーヒーの持ち帰りバッグから店陳用のセットバッグまで、十分に使えると思います。

当社の特許製品ですので、他社はプレゼンも行えません。しかしそれは逆に言うと、当社がそれを行わないと、世の中に知らせることができないということです。

当社の特許製品は、他社は売ってくれないのです。

皆が勉強会等を行い、情報を共有し特許製品の拡販を進める事が重要だと思います。また図面だけではなく、サンプルをつくって手にとっていただき、実際に現物を触ることで、どういう製品かを認識していただくことが必要と感じます。

その後、さらに利便性を追求し開発を進めました。それが現在の「キャッチバッグ」

です。特許をとったバッグはポリエチレン＋紙（底台）の構成となっているため、ゴミの分別や保管スペース、コスト等の問題点もあり、ポリエチレン単独で袋ができないかと思ったのです。試行錯誤しサンプル作りに没頭しました。

当社の製造ラインはサイドシールが主流のため、サイドシールをベースに開発を進めました。かつて、当社が大々的に飛躍することになった製品・セフティジョイントの開発時は自社工場もない状態で、情報の漏洩、サンプル作りのフィルムの入手等々、試練に見舞われました。それに比べ、現在は自社工場で試作ができ、何の障害もなく開発行為ができることの喜びに感謝しながら、当社の成長を改めて実感いたしました。

開発行為

私が考えた新しいキャッチバッグは、バッグの内部が二部構造になったものです。底が二段になっており、上部の段に穴を二つあけ（コーヒーカップ二つ分）、そこにコーヒーのカップを差し込むようになっています。これなら、袋を両手で開けば、そこに二つの穴が開いており、穴にカップを差し込むだけで済むのです。

コーヒーのテイクアウト用に開発した新しい「キャッチバッグ」。これまでのように台紙をセットする必要がない。こちらも特許取得済み

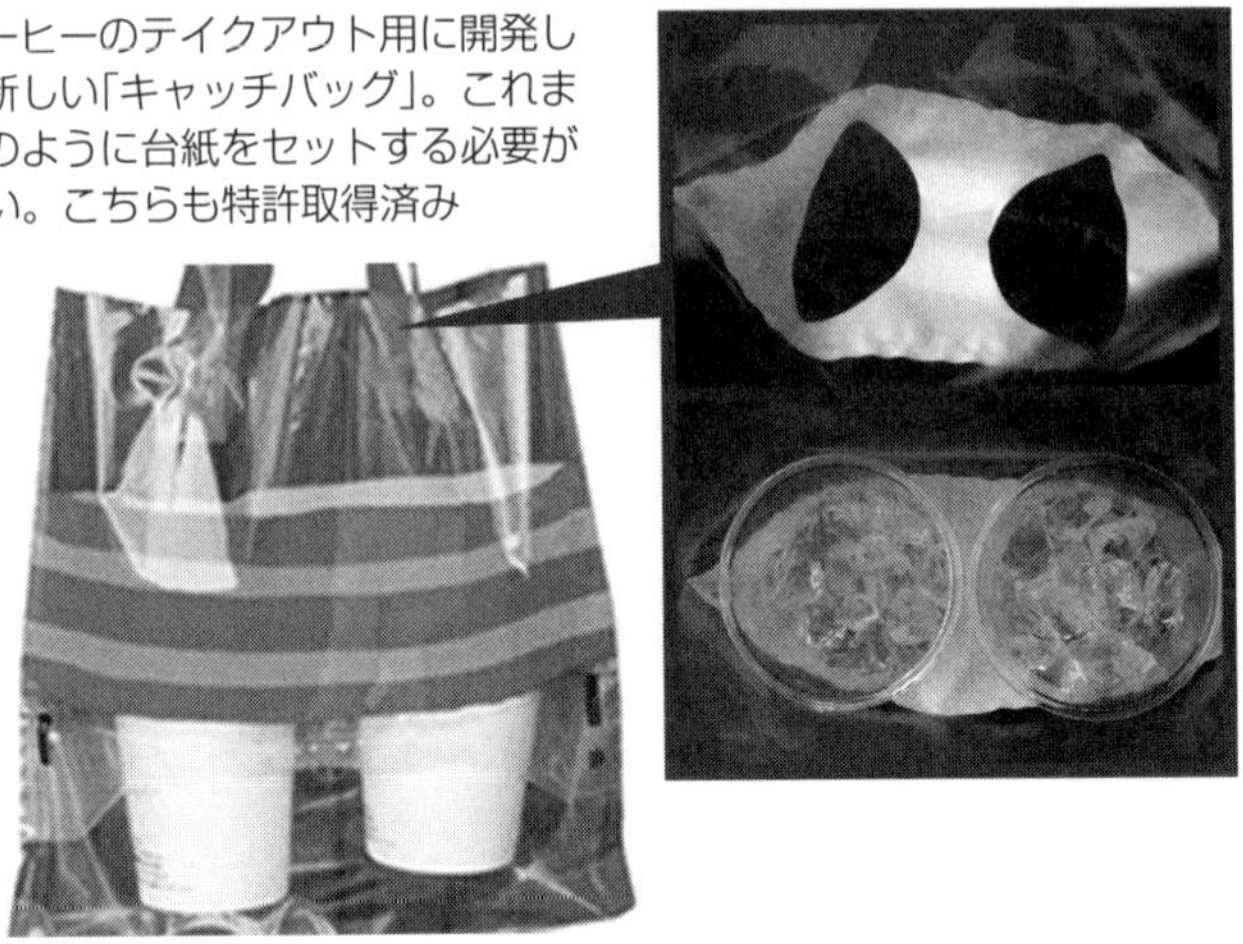

まずフィルムをサイドで流してバッグの形状をつくり、中にもう一枚の二つ折りしたフィルムを同時に同じ進行方向に流し、中のフィルムに途中で穴加工を行う試験を行いました。

一台の機械でこの作業を同時に行い、コストを下げる作戦でした。

しかし、バッグの部分とカップを固定する中のフィルムがうまく接着されず、一枚は穴加工の時に停止してしまいました。現在のプラトムのサイドシール製袋機ではロスが大量に発生し、またピッチ印刷（袋の継ぎ目などを考慮し定位置にデザインが定まる印刷）ができないことがわかりました。解決するには

新しい専用機が必要となりますが、見積もりをとったところ投資額が約九〇〇〇万円ほどでしたので、専用機は今後の売れ行きを見てから導入を検討することにしました。

ともかく、現行の設備で作ることができないか試行錯誤しました。まずなかのフィルムを簡易設備で穴あけし、段差ロールで二枚のフィルムを一緒にして縦シールを行いシールカットする方法で、製品ができる事が実証されました。

開発にとりかかってから、約二週間ほどでサンプル製品が誕生しました。

当初この袋の問題点は、外側のフィルムにピッチ印刷ができないということでした。二つ折りのフィルムにピッチ印刷はできますが、外側のフィルムにはピッチ印刷はできず、エンドレス印刷（袋の位置とは関係なくデザインを連続して印刷する方法）ができません。しかしこの問題は、テープハンドルの装置を設置して送りを利用することで解決しました。

大量に売れるようになったら、今後、機械設備の導入を進める事も必要であると考えています。

利用しないのは宝の持ち腐れ

新しいキャッチバッグも国内での特許の登録をし、また韓国、ベトナム、ヨーロッパでも国際特許を取得しました。

特許にも製品の特許と製造特許の二種類があります。

これを営業の武器として利用しないのは、宝の持ち腐れになります。前述のように、当社の特許製品は他社では売れないので、当社がプレゼン拡販を行うしかありません。「会社の財産」なのです。

他社が当社の特許製品を売ることはありません。特許の意味するもの、また、特許権の重みを今一度理解し、営業活動に利用してほしいものです。

このキャッチバッグは、当社の営業にサンプルを渡し、少しずつ市場で販売ができています。東京支店の営業員の活躍で、大手紅茶販売会社に口座を開設することもできました。この事は当社の歴史に残る出来事です。

私は今も、担当営業員の日報を見るのを毎日楽しみにしています。今後さらに製品開発を行い、先駆者利益を取り会社がさらに成長するように、社員一人一人が率先して行動を起こして欲しいと思います。

何回も言いますが、特許製品は権利者が動かないと世の中で認知されません。

そして次世代へ

平成二十八（二〇一六）年、諸藤俊郎社長就任

平成二十八年、長男である俊郎が社長に就任致しました。

この数年、毎年数億円の利益を生み出すまでの会社に成長し、対外的にも㈱モロフジをブランド化し、同業他社も羨むほどの立派な会社になりました。当時の常務（長男）が原動力になってくれたのが大きな要因です。

今日まで築き上げた、企業価値、企業風土を大切にし、さらに成長へと導いていくのは勿論ですが、今後デジタル化の普及による商流の変化への対応づくりが急がれます。

私としては、この状況を経営の過渡期と捉え、若い世代で、現代の経営感覚を持っている長男・俊郎に期待を込めて、経営をバトンタッチする事を決断いたしました。

退任にあたっては、寂しいという思いと同時に、解放感で一杯でした。

今まで私についてきてくれた社員の努力で会社は成長しました。皆が協力してここまでやってこれたのだと、感謝の思いが込み上げてきます。創業当時からさまざまなことがあり、私でやっていけるのかと不安になったり、また、なぜ経営者の気持がわかってもらえないかと悩んだり、会社経営の難しさを常に感じていました。反面、会社の成長を肌で感じ喜ぶこともでき、四十年間の歴史を過ごさせてもらいました。感謝の気持ちで一杯です。

私の信条

親族内で企業が引き継がれる場合、責任は新社長に取らせるが権限は与えないパターンが多く見られます。私は、権限と責任を同時に渡すことで、経営者の能力が発揮されると思っています。バトンタッチした後、新社長に意見したことはありません。

社員の皆へ贈る言葉

将来ある社員の皆へ、今後の人生の一助にしてもらえれば……

現在は、新社長の計画で、少ロット製品をインターネットで受注・販売しています。業界では、既成品ではなく印刷有りのオリジナルの製袋は、少ロットではできないのが常識でした。ロスが大量に出て採算がとれないからです。しかし当社は逆に、昔の設備を導入することで、少ロットでも採算のとれるシステムを構築したのです。当時は大変な話題となり、私も関係者から、「すごい事やるね！」との言葉をたくさんいただきました。今、利益頭はこの事業であると数字にも答えがでています。現在はコロナ禍で当社も苦戦していますが、やがてこの事業が柱になると確信しています。新社長も、雑誌「ふくおか経済」（地域情報センター刊）の表紙を飾るようになり（巻末の記事参照）、独自の新しい視点で当社をグループ展開しています。

今後は、新社長の発案も必要ですが、社員全員が事業計画を真剣に考え、社長に提案し会社を成長させ、「あの事業は私が作りあげた」という功績を残して、歴史に刻まれるような行動を起こしてください。

現在の社会はネットでの動きが主流となっており、ＩＴ企業の躍進が著しく進んでいます。これも時代の流れであり流れに乗る必要も当然あります。ただ、ネットを支配しているのは人間であり、原点は変わっていません。

皆さんも生を受け人生を歩き進むわけですから、人生の無駄遣いをせずに、しっかりとした目標を持ち突き進んで下さい。

このことに早く気づき自覚した人が、将来成功者になるのは間違いありません。若い時の経験は必ず自分の財産になります。なにごとも行動しないと、経験はできないのです。行動するのみです。情報はネットで得られるから、経験は必要ないと思っている人もいるでしょうが、基本的に情報は人間が発信しています。人間として生きてきて、周囲から高い評価を受けられるということは、人生として最高の事だと私は考えます。

またその事が結果として、自分の為になり、社会からも会社からも必要な人材として求められ、当然それなりの報酬を得られるようになります。楽な選択肢を選べば、歳をとった後、必ず後悔することでしょう。私の周りでも七十歳になってから気がつく人もいます。

若い時から自分を磨く訓練をし、身体で覚えさせることが必要です。なかなか実行できないことですが、自分の将来を考えたら行動するしかありません。与えられた残りの人生を変えるのは自分であり、また、変えられます。

私は〝人より少し多く仕事をし、人より少し多くを考える〟をポリシーとして生きてきました。このポリシーが、モロフジを起こしてからの四十年、少し人生のプラスになったかと思えます。

皆さんも早く社会、会社に実績を残し貢献して、世の中から認められ、また求められる人材になって欲しいと切に思います。

頑張って人生の成功者になってください。

新社長の経営努力で、当社はさらに成長し、全国でも知られた企業として進んでいます。私も大変嬉しい思いです。四十年間ありがとう‼

ときの流れとともに、さまざまな物が変貌していくでしょう。人の志向、価値観、新たなビジネス分野の登場等、すべてビジネスチャンスと捉えることもできます。慎重なる調査と検討の上、社長の見解で今後も展開してください。

ただ、どんなに世の中が変貌しても、変わらない物があると私は思っています。それらは、いつまでも大事にして欲しいと願っております。

社長へ──

一つは、「得意先を大事にする」。

ユーザーに喜ばれる製品開発と販売、サービスの提供。これは基本中の基本です。

二つは、「活気ある職場づくり」。

仕事に生きがいを持ち、自由闊達に意見交換できるような職場環境は、社員の意識の変化、成長にもつながるでしょう。また、社員の苦役になるような労働は絶対に避けなければなりません。そこから会社の成長に繋がるようなものは、何も生まれないでしょう。

三つは、「信頼できる管理者の育成」。

各部門毎に信頼できる管理者を育成し、配置すること。

以上の三つを踏まえ、社長は本来の仕事に専念する。

会社の基盤になるものです。現状を鑑みると時間を要する事項もあると思いますが、ぜひ進めてください。

最後になりますが、社長あっての会社。くれぐれも健康に留意され、会社、社員（家族）、ひいては自身のために、会社存続はもちろん、会社の発展に向かって突き進んで下さい。

付■「ふくおか経済」vol.372▼二〇一九年八月号「表紙の人」

群馬工場完成へ、農産物事業参入で事業多角化進む
包装資材のEC受注が好調、関東エリア需要取り込みへ

諸藤俊郎　モロフジホールディングス社長に聞く

パッケージの製造販売や包装資材のEコマース事業、海外貿易などを手掛けるモロフジホールディングス㈱（福岡市中央区白金1丁目、諸藤俊郎社長）は、今年2月に中核の㈱モロフジが設立30周年を迎えた。8月には群馬工場が完成し、年内稼働でさらなる事業拡大を目指す。また、近年は農産物事業に参入するなど事業領域を多角化。諸藤社長は「グループ5社の強みを生かしシナジー効果を発揮したい」と意気込む。好調な通信販売事業や需要が高まる関東エリアでの戦略を聞いた。

（聞き手は本誌会長／松岡泰輔）

社長就任後、熊本拠点増床など攻めの展開
群馬工場稼働で業界変革期を〝追い風〟に

――中核会社㈱モロフジが今年2月で設立から30年となりました。

諸藤　モロフジは、創業者である父の雅人が設立した包装資材の企画、製造、販売会社です。私が入社したのは15年前の２００４年で、この会社に30年在籍してきたわけではありません。しかし、世の中で30年間生き残る会社はものすごく少ないわけです。その企業のうちの1社として当社が仲間入りできた感慨深さがあります。

また、私は社長としてこれまでとにかくスピード感ばかりを追い求めていました。節目を迎え一度立ち止まり会社の歴史を振り返ってみると、改めてこのモロフジが30年続く企業だという重みを感じました。

――社長に就任し今年で4年目ですが、事業を引き継いだ感想は。

諸藤　就任以前は常務やグループ会社の社長を経験する中、将来モロフジ全体の社長に自分が就いてチャレンジしたいことをたくさん考えていました。そして実際に社長

職に就いてできることが解禁されると、無我夢中で突っ走っていましたね。最終決済者としてお金を動かす重みなど大変なことは多くあり、気がついたらあっという間に3年が経過していました。

――就任後に取り組んだことや、これまで力を入れてきたことは。

諸藤　社長就任後持ち株会社制へ移行し、16年8月にモロフジを含む4社が傘下に連なるモロフジホールディングス㈱を設立しました。ホールディングス化したのは、包装資材の卸販売を手掛ける㈱モロフジのほか、ポリエチレンのオリジナル手提げ袋などを製造する㈱モロフジケミカル、貿易、物流業の諸藤通商㈱、そして、農産物事業のモロフジファーム㈱の4社です。

中でも㈱モロフジでは、ポリエチレンを素材とした手提げ袋の企画、販売を主力に展開しています。ここ近年、自社通販サイトを経た受注が好調で、既製袋・包装資材の「イチカラ」、袋オリジナル印刷「モロフジオンラインショップ」、極小ロット短納期の「スピーディーバッグ」などのサイトから注文が関東を中心に増えています。その手提げ袋の生産量強化に対応できる設備づくりに力を入れようと、就任後、熊本県玉名郡南関町にあるモロフジケミカルの製造工場の増築に着手し、生産能力を拡大しました。

――オリジナルの手提げ袋を注文するとなると、成形、印刷、製袋などの工程は分業となっている場合が多いですよね。近年業界では後継者が不足し廃業するケースも多くなっているとも言われています。

諸藤　おっしゃる通りです。しかし、グループのモロフジケミカルでは全工程を一括して手掛けており、熊本の工場はその拠点です。多品種の手提げ袋を作ることができるところが強みです。

――通信販売であれば全国で販売できますので、多数のお客さまを取り囲むことができますね。しかし、関東からの注文が現在増えているとなれば、熊本の工場からでは輸送に時間を要しますが、その点はいかがですか。

諸藤　その対策として、現在関東エリアの中間地点でもある群馬県伊勢崎市・赤堀今井町の「多田山北産業団地」に平屋建ての新工場を建設しています。

熊本だけでは人手も集まりにくいので、ＢＣＰの観点からリスク分散で製造できる新たな工場としての役割を期待しています。敷地面積は約6600㎡、平屋建てで、工場の建築面積は1320㎡です。今年8月25日にも建屋が完成予定で、いよいよ大詰めを迎えています。その後機械を複数導入し、年内での稼働を目指しているところです。群馬を拠点に関東地区からの注文に対して迅速に対応するだけでなく、今後新たな商品を生み出すなど、将来的にはさらなる事業拡大のきっかけになればと期待しています。

――例えばどのような期待をされていますか。

諸藤　群馬工場の新たな主力商品としてまず期待しているのが、紙袋です。現在大手コンビニエンスストアが海洋プラスチック問題によっておよぼされる環境問題を背景に、将来的なレジ袋廃止を決断しました。そのほか、アパレルメーカーが取り扱う手提げ袋をプラスチック袋から紙袋へ変更するなど、手提げ袋の業界は転換期を迎えています。

当社でも今後その余波が懸念され、現在〝逆風〟の立場なのかもしれません。幸い当社のレジ袋のシェア割合は低い方ですので直接的なマイナス影響は考えられにくいですが、このような状況下で需要の変化に対応した新商品の製造、開発を群馬工場に期待しています。当社は業界の転換期をむしろ〝追い風〟にする意気込みでいます。

具体的な方針としては、紙袋など包装資材のマーケットをまず確保していきます。ただし、それだけだと後発になってしまいます。なので大手包装メーカーがやらない少ロットで多品種なものを取り扱い、それを各通販サイトで販売していく計画です。現在、紙袋は外注で作っていますので、群馬の新工場で内製化することで低価格化を図り、納期を短縮していきたいと思います。

——新たにどのような設備を導入する計画ですか。

諸藤　東京のマーケットで感じるのは、営業はとにかく時間との戦いということです。しかも手提げ袋は、お客さんからすれば中に入れる物を最初に考え、収納する袋のサイズは最後に決まるので一番納期が短いです。また、顧客の割合は首都圏の方が高まっています。自社生産できるような機械を導入し、どんな商品も納期を素早く対応できる点で大手との違いを出していかなくてはなりません。

そのほか、今後、ポテトチップスなどスナック菓子が入っているラミネート袋「食品用包装資材」を製造する設備も導入する予定です。お客さんのニーズは小ロット化していますす。大手とバッティングしないところで勝負し、それをネットで広げていきたいですね。食品用の包装は品質保持の観点から環境問題での影響も受けにくいです。紙袋も紙文化のある日本だからこそ拡大の余地があると思います。

自社通販サイトからの注文が好調
包装資材の登録は8000点を突破

――海外に拠点はありますか。

諸藤 ベトナム、中国、カンボジアに協力工場があります。海外のネットワークを活用し、価格競争力が必要な商品や汎用品などを大量生産する工場です。

――先ほどから話にある通販サイト「イチカラ」はどれくらいの商品をそろえていますか。

諸藤 お弁当屋の容器やカップ、紙袋、エコバッグなど多岐にわたる包装資材を扱っており、仕入れ品も含めて約８０００種の商品を登録しています。袋よりも〝包装資材屋さん〟という位置付けでしょうか。

包装資材の問屋さんは全国に１０００社以上存在するといわれ、これまではその問屋さんがスーパーやお弁当屋さんなど取引先小売店を1店1店回って納品するケースがほとんどでした。それをネット注文の「イチカラ」に切り替えることで、効率化、省力化で素早い納品、そして売り上げ増加につながればと思いスタートしました。

実際、これまで包装資材の流通に大きなウエイトを占めていた問屋さんが担い手不足などで廃業するケースもあり、地方や郊外では、問屋さんによって支えられている商店も商品の調達先の変更を余儀なくされていると思います。そのような方々にはぜひ、イチカラを活用していただきたいですね。

「イチカラ」は現在認知度拡大を目指しており、今年は期間限定でしたが、「福岡ヤフオクドーム」（※掲載当時。現ＰａｙＰａｙドーム）内に広告を出稿したりするなどサービスの露出拡大に力を入れています。

――そうすると、これから新規開拓で比重が高まるのは関東エリアですか。

諸藤　どちらかというと、インターネットで受注するケースが多いので、関東だけでなく地方からの取り込みにも期待しています。仕事の合間に道の駅や田舎の直売所を廻ることがありますが、販売されている食品は地産地消で数に限りがあり、使用する食品用包装資材も大手メーカーが取り扱っていないケースがほとんどです。小ロットのニーズがあり、そのようなニッチな開拓先はたくさんあります。

コストが掛からない当社の通販サイトを活用してもらうのが地方の小規模販売所ではむしろ最適だと思っており、大手では取り扱ってもらえない相談に応じることも当社では可能です。群馬の工場はそのような需要に応対できる拠点でもあります。

――そのほかにEコマースを活用している事例はありますか。

諸藤　諸藤通商では昨年12月、物流や梱包機器を専門に扱う通販サイト「マシプロ」を開設しました。工場や倉庫、店舗、農作業で必要となる業務機器を販売するECサイトで、袋の密封機や真空パック機、結束テープ、包装機、緩衝材製造機を中心に販売しています。現時点の取り扱いアイテム数は約30点で、今年12月までに100点にまで増やせたらと思います。

また、商品それぞれの通販サイトとして、手提げ袋やビニール袋のセミオーダー専用サイト、紙袋やラミネート食品袋にオリジナルの印刷を付けて注文できるオンラインショップなど6種のECサイトを展開しており、いずれも小ロットから対応できるのが特徴です。海外市場も視野にアリババ内に専用サイトを設け世界に向けて情報発信できるようにもしています。

オリジナル品「キャッチバッグ」が話題に 斬新なアイディアで特許品は10種以上

――独自開発されたビニール袋とカップホルダーが一体になった、飲料専用の持ち帰り袋「キャッチバッグ」が日経MJなど多数のメディアから取り上げられ話題となりました。キャッチバッグは社長が考案されたのですか?

諸藤　あの商品は、先代社長(現・相談役)が考えたオリジナル商品です。従来品ですと、カップを固定する台紙をビニール内にセットするタイプですが、キャッチバッグは商品を固定するビニール製のカップホルダーをあらかじめ袋と一体化させ、台紙を用意する手間とコストを省いています。

コンビニの持ち帰りコーヒーなどで使用されています。おかげさまで昨年11月には特許を取得しました。相談役は世の中で需要のありそうな商品をピンポイントで開発するような人で、これまで多数の国内特許、韓国やベトナムなどの国際特許にもいろんな自社製品を出願してきました。

――全体で特許を取得した商品はどのくらいありますか。

諸藤　全部で20品以上あります。私が開発したものもあります。例えば、缶ビール用に開発した両サイドの口に切り込みが入った袋です。

通常の袋であれば、陳列棚で重ねてしまうと崩れてしまう。あるいは、商品名やロゴが見えなくなってしまうなど、店頭に段積みしたときにレイアウト的にも中途半端になってしまいます。

しかし私が開発した袋であれば、間口が広がり上下がぴったりとハマるので、多少の衝撃でも倒れないのが特徴です。

これは東京で大手ビールメーカーの営業担当をしていた頃、担当者から段積みできる袋がないか尋ねられたことがきっかけで生まれました。既存の製品ではそのようなモノはなかったのです。そこで、オリジナル製品を作ろうと試行錯誤を繰り返して開発しました。

――だいたいどのくらいの期間でアイディアが形になるのでしょうか。

諸藤　前述の袋でしたら、約10日くらいでした。とにかく試行錯誤を繰り返しましたよ。

――社内では、日ごろからこれまでになかった高付加価値なオリジナル商品を開発するという文化が根付いているのですか。

諸藤　変化の激しい時代ですから、社内全体で常に新しい知恵を出すよう心がけています。しかし、元々はそのような雰囲気はありませんでした。先代が新商品開発のDNAを与えてくれ、それが会社の中でも浸透してくれたと思います。私の社長就任以前は、どちらかというと先代一人でオリジナル商品を開発していた部分が多かったという印象です。

しかし、そればかりに頼っていてはダメだと思い、現在では社内改革として毎月1回新商品開発会議を開いています。社員総出でとにかくなんでもいいからたくさんアイディアを出していくと。先代が残した新商品開発のDNAとして組織化に落とし込めており、利便性の高い商品を生み出し、世の中に広げていくという雰囲気が現在では出来上がっています。

――これから考えている新商品などはありますか。

諸藤　工場の裏にある山の中で無数に生えている竹を利用し、竹製の新素材の開発を検討しています。竹の再利用にもつながり環境にも配慮できるので、ポリエチレン以外の素材を使った新たな商品を手掛けていきたいです。また、百貨店の洋菓子店でよく使用される高級感あるラッピング用の袋として梨地《なしじ》と呼ばれる素材の製品化も進めています。これまでは外注していましたが、ニーズもありますし、今後は自社で内製化し、量産品として展開したいと考えています。

長崎・平戸市で農産物事業に参入
シナジー効果を発揮、複合事業の足がかりへ10種以上

――主力事業の拡大を図る一方で、新分野参入にも積極的に取り組まれています。その中でも、農産物事業に新規参入されました。

諸藤　農産物事業は、社長就任時から力を入れている事業のひとつです。4年前に長崎県平戸市に拠点を置くグループ会社・モロフジファーム㈱を設立しており、昨年10月から、レタスなどの葉物野菜を水耕栽培で製造するハウス生産工場が稼働を始めました。

――それまで農産物には関わっていたのですか。

諸藤　モロフジファームを立ち上げる前は私自身が個人的趣味も含めミニトマトなどの栽培をしていました。さまざまな模索をするなか、これを事業として独立させ法人化することで採算の合う取り組みにしたいと思ったのがきっかけです。

最初は長崎県南島原市の深江町にある農地を借り手掛けていましたが、その後さら

に広い土地を求め、長崎の松浦市にある約10万㎡の土地を借りることにしました。その土地がジャガイモの栽培に適した赤土ということもあり、珍しい品種のジャガイモを主に栽培してきました。

——例えばどのような品種ですか。

諸藤　皮が赤黒くさつまいもや栗のコクを足したような長崎古来の「グラウンドペチカ」や、長崎県が開発し2年前に栽培が解禁された「ながさき黄金」といった新品種です。これらはＪＡさんが大量に作らないジャガイモですが、今では人気商品となっています。地元だけでなく、全国のスーパーや東京、金沢、岡山などの飲食店向けにも卸しており、採算に乗っている状況です。

　これをベースに、現在はレタスを中心とした葉物野菜も水耕栽培で作っています。長崎ではレタスを水耕栽培で大々的に手掛けている農家さんはほとんどありませんので、長崎県内を中心に地産地消で展開しています。また、完全閉鎖型のハウスではなく、太陽光を利用した高度なビニールハウスでの栽培で、ランニングコストを低減させるだけでなく、レタス自体の大きさや重量感も同じ生育期間でも2倍ほど違うのが特徴の一つです。これらレタス、ジャガイモを1カ月あたり約1万8000株生産しています。

――これまであまり生産されてこなかった希少価値の高い農産物を中心に作られているということですね。

諸藤　認知してもらうまでに時間を要することもありましたが、実際に食べてもらうと好評です。ネットでは販売されていないので「じゃあどこで買えるのか？」となると、当社しかないということになり、引き合いが生まれてきています。

――今後はどのようなものを生産し、運営していきますか。

諸藤　次はキャベツの生産に着手する予定です。また、現在の土地はまだ耕作できていない部分もあり、栽培に適した耕作地として土地を広げ、栽培しながら品種を増やしていきたいと思ってます。

将来的には海外への農産物輸出も考えているので、例えば、香港で人気のカボチャなども新たに生産し、グループの諸藤通商を通じて事業展開できればと構想しています。特に富裕層が多いアジア圏内に輸出するなど、高級路線での販売を強化していく方針で、稀少性を売りに海外での販路拡大につなげたいです。鮮度保持機能を強化したフィルムなどもモロフジケミカルで開発し、モロフジファームで生産した野菜の梱包パッケージにするなど、グループのシナジーを発揮し内製化も図っていきたいです。

――天候に左右されるなど、農産物ビジネスはなかなか採算を合わせるのが難しいともいわれています。

諸藤　農産物を作るのはどうしても時間がかかります。しかも、国内の生産者の98%は個人経営、家族経営で高齢化による担い手不足が問題となっていますよね。しかし、いずれ需給バランスが崩れる時代に突入するでしょう。その時に農産物事業を始めても遅いと思います。そこで、企業経営型の農業が主流になる前に軌道に乗せ、安心・安全で美味しい野菜を先んじて提供するのです。品質の良い農産物であればリピート性も高いので、安定したビジネスに成長させることが十分可能となります。

最終的には、包装資材だけでなく、農産物の事業を成立させることで、今後もさまざまな分野を複合的に絡ませて発展する「コングロマリット企業」を目指していきます。農産物事業はまさにその足がかりと位置付けています。

19年3月期HD全体では売上高40億円
オリジナル品の注文増がけん引

――モロフジホールディングスとしての2019年3月期決算はいかがでしたか。

諸藤　これまでグループ会社によって決算月が異なっていましたので、前期（19年3月期）から決算月をそろえる変則決算にしました。

そのため、丸1年通じた業績でない会社もありますが、ホールディングス全体の売上高は約40億円となっています。前期との比較は出来ませんが、通信販売で小ロットからのオリジナル品の受注が、約6％は伸びています。経常利益は前期と比べるとやや微増となりました。

――営業地域ごとの売上高の違いや変化、特徴などはありますか。

諸藤　この1年で地域別のマーケットについてはあまり大きな変化は感じませんでしたが、前述の通り、やはり東京の大手を中心に購買機能が活発になっている印象です。関東エリアの売り上げはホールディングス全体の6割を占め、ネット販売の商品に関する問い合わせについてもほとんどが関東からですね。ですので、首都圏への配送コストが安くなる群馬の新工場のメリットは大きいものがあります。

――群馬工場稼働でホールディングス全体の業績にどのような変化があると考えますか。

諸藤　稼働後は群馬工場単体で、年間約4億円程度の増加が期待できそうです。群馬に完成するこの工場は当社の発展を担うカギとなると考えています。

――今期（20年3月期）の決算見通しは。

諸藤　ホールディングス全体で、売上高は約50億円を見込んでいます。現在、全体的に業績が落ちている事業はありませんので、今後も引き続き売り上げベースでは伸びていくと判断しており、このまま成長を続けていけたらと思います。

4人家族の長男、太宰府市で育つ　大学進学機に上京、留学でカナダへ

――プロフィールについてお聞きします。1977年4月21日生まれの42歳ですね。

諸藤　生まれは現在のみやま市瀬高町です。そのころはまだ、諸藤紙店から諸藤商事として展開しており、父は瀬高町を拠点に仕事をしていました。当社は創業からさかのぼると、今年で66年になります。そして、同社が太宰府市に営業所兼倉庫の拠点を立ち上げるということで、私も太宰府市に引っ越すことになり、小、中学校は太宰府市内の学校に通っていました。4人家族で、姉が1人います。

――幼少期はどのような。

諸藤　スポーツ少年でした。放課後は友だちとよく外で走り回っていましたし、水泳、サッカーなどいろんな競技をしていましたね。

――高校、大学はどちらへ。

諸藤　高校は佐賀市内にある全寮制の弘学館高等学校に進学し、その後、東京都立大学（現・首都大学東京）の経済学部に進学しました。

――東京へはやはり行きたかったのですか？

諸藤　そうですね。なので、自分の学力でいけそうなところを探し、この辺りかなと（笑い）。

――大学生活はいかがでしたか。

諸藤　複数のサークルを立ち上げた思い出があります。サッカーにアウトドアなどなど。友人たちと充実した時間を過ごしました。

　また、3年生の終わり頃に1年間休学してカナダのレスブリッジ大学に留学しました。国際都市として知られるカルガリーからも近く、自然あふれるのどかな田舎の町並みが印象的ですね。

――なぜ留学を。

諸藤　祖父に「男なら1回くらい海外に行っておけ」と言われていましたからね。長期で滞在するなら大学生の時しかないかなと思い。1度きりの人生ですし、休学してでも行こうと決断しました。

――それでもなぜカナダに。アメリカでもよかったのでは？

諸藤　アメリカだと……なんだか、どストライクというか、ありきたりかなと（笑い）。みんなが留学先に選ばないような、日本人があまりいないような外れたところに行きたかったのです。日本人が多い場所だと勉強もしなくなるかなと思いまして。その甲斐あってか、日常会話くらいはできるようになって帰ってきました。現在も仕事では海外の人と会話する機会もあり、つたない英語かもしれませんが、基本自分ひとりでやりとりしていますし、その経験が今でも生かせています。

大学卒業後、証券会社で勤務
将来を見据え、モロフジに入社

――卒業後はどのような進路を。

諸藤　新卒で日興證券㈱に入社し、3年間は東京で営業の仕事を続けていました。

――証券会社勤務時代で印象に残っていることは。

諸藤　証券会社ということもあって、やはり毎月課されるノルマは厳しいものでした。特に入社したばかりの時に上司に言われた言葉で思い出に残っているのは、「営業に終わりはない」という言葉ですね。とにかく毎日必死に働きました。ただ、そのメッセージは自分の力で稼がなくてはいけないという覚悟を植え付けてもらえましたし、ある意味逃げ場がない状況で生き残る力、仕事に対する姿勢、営業の基本を教えてもらえましたね。職場の仲間やお客さま、とにかく周りの方々に恵まれ、楽しく円満に働いていた思い出が強いです。

――それなのになぜ、モロフジへ。

諸藤　証券会社で働く中でいずれは自分の力で起業したいという願望がありました。その中でたまたま父が少し体調を崩したことがありまして、その時父の姿を見て「このタイミングで帰ってきて引き継ぐことを見据えるのも悪くないのかもな」と直感ですが思いましてね。父からは「身体は大丈夫」だと。「まだ外で色んな経験をした方が良い」と言われてしまいましたが、いずれ家業を継ぐことを考えると今なのかなと決心し、04年にモロフジに入社しました。その後営業部に配属され、常務取締役などを経て現在に至ります。

――社長に就くにあたり先代から授かったメッセージなどは。

諸藤　「普段から何事にも謙虚に仕事をするように」とは常に言われてきましたね。また、「同じ土俵で戦うな」と。同業社は世の中にたくさんあるので。だから常にブルーオーシャン戦略を考えていかなくてはという気持ちですね。

――最後に、趣味などはありますか。

諸藤　海水浴にキャンプ、バーベキューなど、アウトドア関連が大好きです。テニスは週に1回レッスンなどに通っていますよ。あとは、温泉も大好きです。

※この記事は「ふくおか経済」（地域情報センター刊）二〇一九年八月号「表紙の人」全文を転載したものです

株式会社モロフジ

本社

福岡県筑紫野市武蔵3丁目2番18号
TEL 092-924-0003 ／ FAX 092-923-7067
担当エリア：福岡、佐賀、熊本、大分、九州全域

東京オフィス

東京都千代田区東神田1丁目10番4号　新川ダイユウビル3階
担当エリア：東京、神奈川、千葉、埼玉、静岡、茨城、周辺地区

大阪オフィス

大阪市西区新町1丁目3番12号　四ツ橋セントラルビル9階
担当エリア：大阪、兵庫、京都、奈良周辺地区

名古屋オフィス

愛知県名古屋市中区東桜2丁目22番18号　日興ビルヂング5階
担当エリア：滋賀、和歌山、愛知周辺地区

福岡オフィス

福岡県福岡市中央区高砂2丁目6番2号　ニチエイ高砂ビル4階
担当エリア：福岡周辺地区

国内工場

株式会社モロフジケミカル
熊本県玉名郡南関町大字関外目811
株式会社モロフジケミカル　群馬工場
群馬県伊勢崎市赤堀今井町2丁目727番1号

海外工場

中国・タイ・ベトナム　各協力工場

諸藤　雅人（もろふじ・まさと）
1949年，福岡県生まれ。大阪の塗装メーカーの営業開発部隊で営業活動に従事する。退職し，実家の家業である紙・文具の仕事を継ぎ，モロフジ株式会社の専務，社長を歴任。その後，同族企業を離れ，株式会社モロフジを設立し社長に就任，基盤を築く。2016年，長男・俊郎に社長を引き継ぎ，現在，相談役として在位。

商売魂《しょうばいだましい》　モロフジ40年のあゆみ
2021年4月15日　第1刷発行
著者　諸藤　雅人
発行　株式会社モロフジ
〒818-0052　福岡県筑紫野市武蔵3丁目2番18号
電話092(924)0003　FAX 092(923)7067
https://morofuji.co.jp/
制作・発売　有限会社海鳥社
〒812-0023　福岡市博多区奈良屋町13番4号
電話092(272)0120　FAX 092(272)0121
http://www.kaichosha-f.co.jp
印刷・製本　シナノ書籍印刷株式会社
ISBN978-4-86656-097-7
[定価は表紙カバーに表示]